Friedrich-Wilhelm Haack

Transzendentale Meditation

Maharishi Mahesh Yogi · Weltplan · RRA e. V.

5. ergänzte Auflage,
November 1980, 21.—25. Tausend
Verlag: Evangelischer Presseverband für Bayern, 8000 München 19
Abteilung: Schriftenmission
Alle Rechte, auch die des auszugsweisen Nachdrucks,
der photomechanischen Wiedergabe und der Übersetzung, vorbehalten.
Druck: Claudius Verlag München

ISBN 3-583-50622-7

INHALT

Die Weltplancenter (WPC)
und die Transzendentale Meditation (TM) 4

Maharishi Mahesh Yogi
und der Anfang der TM-Bewegung 5

TM und die Wissenschaft 8
  Gutachten

Die Transzendentale Meditation (TM) 10
  Die Mantren der TM

Der Weltplan 14
  Organisatorische Struktur — Was wird der Weltplan bringen? — Weltplan-Forderungen

Weltregierung und GTM 20

Eine wissenschaftliche Untersuchung über TM 21

Verbreiten die WPC Religion? 22
  Die Quelle / Die Verehrung des Meisters / Der Selbstanspruch der TM / Das Menschenbild, das hinter TM steht / Die Selbstaussagen des Meisters / TM und das Bibelverständnis / „Gegenbeweise" und ihre kritische Durchleuchtung / Die PUJAs / Der „Sidhi-Effekt" / TM ist religiös / Die Transzendentale Meditation — eine hinduistische Meditationsmethode? / Ist ein Hindu, wer TM-meditiert? / „Gefährliche Folgen"

RRA e.V. — eine deutsche Reformbewegung 42

Warum hat TM solchen Erfolg? 43

Ein Vorschlag 45

Prozesse und Gerichtsentscheide 45

Literatur 46

Wohin kann man sich wenden? 47

Die Weltplancenter (WPC) und die Transzendentale Meditation (TM)

„Aufgrund der wissenschaftlichen Forschung des vergangenen Jahrzehnts über das Programm der Transzendentalen Meditation, den praktischen Aspekt der Wissenschaft der Kreativen Intelligenz, die an mehr als 200 Universitäten und Forschungszentren in der Bundesrepublik Deutschland, England, Kanada, USA, den Niederlanden, Indien, Süd-Afrika und Australien durchgeführt wurde und den Lebenstrend von etwa 1,1 Milliarden Menschen im Wirkungsbereich von 1100 Weltplan-Centern in über 89 Ländern aller Kontinente einschließt, und aufgrund von öffentlichen Empfehlungsschreiben und Proklamationen von Regierungsmitgliedern, Abgeordneten, Bürgermeistern, Pädagogen, Ärzten, Juristen, Geschäftsleuten, Organisationen und Persönlichkeiten des öffentlichen Lebens sowie aufgrund seiner weltweiten, erfolgreichen Aktivitäten, sah His Holiness Maharishi Mahesh Yogi, Begründer der Wissenschaft der Kreativen Intelligenz, durch das Fenster der Wissenschaft die kommende Morgendämmerung des Zeitalters der Erleuchtung und weihte sie für die ganze Welt am 12. Januar 1975 in der Schweiz ein. Danach hieß Maharishi die Morgendämmerung auf der Erde mit feierlichen Einweihungen in fünf Kontinenten willkommen und leitete Schritte in die Wege, um das Zeitalter der Erleuchtung permanent zu etablieren. Am 21. April 1975 eröffnete er in der Schweiz die Maharishi European Research University als europäische Forschungsuniversität, um das wissenschaftliche Potential der gesamten europäischen Gemeinschaft zu nutzen und so das Zeitalter der Erleuchtung für alle Zeiten zu begründen."

(Aus der Festschrift: „Zeitalter der Erleuchtung — Festausgabe zum Besuch Maharishis in Deutschland", 1975.)

Im Gegensatz etwa zu Scientology will TM keine religiöse Praxis sein. Die Weltplan-Center wollen eine wissenschaftliche Methode, keinen Glauben verbreiten. Gerade die Einordnung unter Religion wird seitens der TM-Anhänger derzeit heftig bestritten. Das war nicht immer so.

Maharishi Mahesh Yogi und der Anfang der TM-Bewegung

Geboren ist Mahesh Prasad Warma (alias Maharishi Mahesh Yogi) am 12. Januar, an eben jenem Tag, an dem er so werbewirksam „durch das Fenster der Wissenschaft die kommende Morgendämmerung des Zeitalters der Erleuchtung" erblickt hat. Er hat sie selber produziert.

Sein Geburtsjahr verrät er nicht, läßt sich aber von seinen Anhängern „His Holiness", „Seine Heiligkeit" titulieren. Den Titel habe ihm „die indische Bevölkerung zuerkannt", für die er eben wohl ein Hinduheiliger ist, so wie er sich auf eine hinduistische Guru-Traditions-Kette beruft.

Einweihungszeremonien in des MMYogi „Transzendentale Meditation" vollziehen sich auch vor einem Bild des „Guru Dev", des Lehrers von MMYogi.

„Guru Dev" heißt „göttlicher Lehrer". In dem Buch von MMYogi „Die Wissenschaft vom Sein und die Kunst des Lebens" (Druck von 1969) findet sich die Widmung:

„An die Lotosfüße von Shri Guru Deva, His Divinity (Seine Göttlichkeit) Swami Brahmananda Saraswati, Jagadguru Bhagwan Shankararcharya von Jyotir Math, Himalaya; und als sein Segen an die, die das Leben lieben, die Verlangen in sich tragen, sich allen Glanzes zu erfreuen, weltlich und göttlich."

Bei diesem Lehrer hat der um 1911 geborene MMYogi gelernt. Dreizehn Jahre habe er in seiner Gegenwart verbracht (vermutlich von etwa 1937/38 bis 1950/51). Diese Daten sind nicht eindeutig festzustellen. Genaue Angaben pflegt MMYogi nicht zu machen.

Zuerst, so sagt er selber einmal, sei er nach dem Tode des Guru Dev (der mit etwa 81 Jahren verstorben sein soll) „nach Norden, später in den Süden ohne Zweck und Ziel" gegangen. Bis nach Raneshwaran und Kanya Kumari am Kap Comorin und nach Trivandrum, Kerala, führt ihn seine Reise. Dort habe man ihn plötzlich gebeten, Vorträge zu halten. MMYogi:

„Und immer hatte ich diese leise Idee: Warum die Leute aus dem Süden nicht an dem Segen aus dem Himalaya teilhaben lassen!"

Er bleibt sechs Monate lehrend dort, reist nach Kashmir, wo er zwei Jahre bleibt (ein Jahr Anreise, wohl zu Fuß) und dann „in den äußersten Westen und dann in den äußersten Osten. Dies brauchte etwa zwei bis drei Jahre".

Schließlich hätte man ihn in Madras aufgefordert, Guru Devs 89. Geburtstag zu feiern, dessen Nachfolger jedoch ein anderer Schüler geworden war.

„10 000 bis 20 000 Leute kamen jeden Abend dorthin, und das Fest dauerte drei Tage."

Und dann geschah es:

„Ganz plötzlich sprach ich es aus. Ohne nachzudenken kam es mir: Spiritual Regeneration Movement (Geistige Erneuerungsbewegung), um die Welt zu erneuern. Wieder gab es fünf Minuten währendes Beifallsklatschen. Auf diese Weise wurde SRM geboren." (Zitate aus „SRM-Informationen" 6/1966.)

Das war am 1. 1. 1958. Schon acht Wochen später reist er nach den USA. (Über diese erste Zeit in den USA haben Maharishis erste Gastgeber ein begeistertes Buch veröffentlicht: Helena Olson, A Hermit in the House, Los Angeles 1967.)

Wenn die deutschen TM-Lehrer und die WPC-Mitarbeiter des Yogis Erneuerungs-Lehre heute als „Wissenschaft der Kreativen Intelligenz" und die TM als „Praktischen Aspekt der WKI" verkaufen und als Wissenschaft ausgeben, dann stellen sie den Beginn dieser Welterneuerungsbewegung nicht in Rechnung:

Ein Hinduheiliger (MMYogi) wird auf seinen Pilgerfahrten um die Abhaltung eines religiösen Festes zu Ehren eines religiösen Meisters gebeten. Dieser habe eine Stellung im Hinduismus innegehabt, die etwa „der des Papstes in der Christenheit" („SRM-Informationen" 6/1966) entsprochen habe. Auf diesem Fest ruft der Yogi zur Erneuerung der Welt auf, zur spirituellen Erneuerung. Die Anhänger sind begeistert und ermöglichen ihm die Reise zu seiner Weltmission.

MMYogis Botschaft war von Anfang an die Meditationstechnik der „Transzendentalen Meditation". Sie wurde zuerst gegen eine freie Gabe, später zum Preise von einem Wochenlohn des Meditationsschülers (Initianden, Einzuweihenden) vermittelt.

1962 bestanden in der Bundesrepublik schon 18 Zentren mit 7000 Meditierenden, 1965 wurde von MMYogi die erste Studentenbewegung als „Academic Meditation Society" gegründet. Weltweites Aufsehen erregte im August 1967 die Einweihung der Beatles in die TM-Technik, kurz nach dem Tode des Managers und Freundes der Beatles, Brian Epstein. Einen im Januar 1968 begonnenen, auf drei Monate geplanten Ausbildungs-

kurs als TM-Lehrer brachen sie aber vorzeitig ab. Seit einigen Jahren befindet sich das Hauptquartier in Rishikesh.
Es wurden immer mehr Institutionen gegründet, darunter auch eine „Maharishi International University" (MIU), die sich in Europa MERU (Maharishi European University) nennt.
MMYogis Behauptung, TM könne von jedem gemacht werden, ganz gleich welcher Religion oder Weltanschauung er angehöre, öffnete ihm viele Türen.
Zur Eröffnung der MERU (Maharishi European University) im April 1975 hielt „Seine Heiligkeit" eine Ansprache über TM als Weltveränderungsrezept:

„Nach fünf oder sechs Jahren, in denen fast eine Million Menschen die Technik der Transzendentalen Meditation erlernt hatten, bemerkte ich die ersten Anzeichen des Phänomens des Zeitalters der Erleuchtung."

TM sei mit der Quantenphysik vergleichbar und zwar bezüglich des jeweiligen „Zustandes der geringsten Anregung".

„Bis zu diesem Zeitpunkt war es das Ziel des Programms der Transzendentalen Meditation, das Leben von Problemen und Leiden zu befreien. Wir wollten das uralte Mißverständnis, daß das Leben ein Kampf sei, beseitigen. Aber es ist niemals genug, keine Probleme zu haben. Es ist natürlich der erste Schritt — ebenso wie man als erstes Licht in die Dunkelheit bringt. Aber es ist nicht genug, nur Licht zu machen: man muß auch wissen, was man im Licht tun will. Ebenso ist es nicht genug, ein Leben frei von Schmerz, Leiden, Problemen und Fehlschlägen zu schaffen: es muß auch für die Entfaltung aller höheren Möglichkeiten jedes Menschen in der Welt gesorgt sein. Licht zu bringen ist der erste, lebensnotwendige Schritt, der den Boden für eine schnellere Entwicklung, mehr Erfolg und Glück bereitet."

Schließlich hätten ihn die Erfahrungen seiner MIU-Wissenschaftler völlig überzeugt, daß heute mittels seiner Technik (der TM) „jeder Mensch der Supermann der Vergangenheit werden kann ... alle Super-Qualitäten werden automatisch sein tägliches Leben bestimmen, denn es wird auf der Ebene aller Möglichkeiten ablaufen.
Ich möchte betonen, daß ich mich hiermit nicht in den Bereich des Mystizismus oder der Mysterien begebe. Es handelt sich hier um nichts als reine Wissenschaft, und wenn ich sage reine Wissenschaft, dann meine ich die reine Wissenschaft des

Jahres 1975. Es ist nicht meine Verantwortung, wenn einige berühmte oder bekannte Wissenschaftler ihre Ohren verschließen. Es ist schon immer das Schicksal aller großen wissenschaftlichen Entdeckungen gewesen, die Wissenschaftler ihrer Zeit zu schockieren. Wenn ich sage, dies ist Wissenschaft, dann meine ich Wissenschaft und ich bin sehr glücklich, in diesem Sinne heute die feierliche Eröffnung der MERU begehen zu können."

MMYogi endete seine Rede mit „Jai Guru Dev", der Verehrungsformel für den Meister, der ihn einst eingeweiht haben soll.

TM und die Wissenschaft

MMYogi zeigt sich zunehmend fasziniert davon, daß die Wissenschaften seine Methoden „beweisen" würden. Analysiert man seine Eröffnungsrede zur Morgendämmerungsschau, zeigen sich folgende Quellen für des Yogis Optimismus:
1. wissenschaftliche Forschung über das TM-Programm,
2. Verbreitung des TM-Programms,
3. Empfehlungsschreiben von irgendwelchen „Personen des öffentlichen Lebens", sowie
4. der eigene Erfolg.

Dabei erledigen sich die Punkte 3. und 4. von selber. Der Aspekt 2. könnte auch für die — weit verbreitete Coca-Cola-Firma sprechen.

Bleibt die Frage nach den „wissenschaftlichen Forschungen", die sich auf TM beziehen. Immer häufiger werden seitens der TM Tabellen angeführt, die beweisen, daß TM überall positive Erscheinungen zeitige.

In der ersten Dissertation an einer US-Universität (Autor: Wallace) wurde aufgezeigt, daß TM einen sogenannten „4. Zustand" neben den drei bisherigen Lebenszuständen (wachen, schlafen, träumen) bewirke.

Schon dieser Arbeit haftet der Makel aller folgenden „wissenschaftlichen" TM-Arbeiten an: es fehlen die notwendigen Vergleichsmessungen.

So wurde nicht überprüft, ob nicht Meditationen mit anderen Programmen einen gleichen Erfolg haben. Es wurden keine Vergleichskurven zu Narkosezuständen, zu Drogenzuständen, zu einer Volltrunkenheit, zu Krankheitszuständen aufgezeichnet.

Solche Vergleichsmessungen schienen gar nicht im Blickwinkel des Untersuchers gelegen zu haben.

Desgleichen wurde nicht untersucht, ob Hypnose nicht die gleichen Wirkungen hätte haben können.

Es ist zweifelhaft, ob eine solche Arbeit an einer deutschen oder europäischen Universität überhaupt als Dissertation angenommen worden wäre.

Die Qualität der Arbeit als solche soll damit nicht in Frage gestellt sein. Nur dürfte ihr Aussagewert als „wissenschaftlicher Beweis" minimal sein.

Der sogenannte „4. Zustand", in Indien „turiya" (der Vierte) genannt, soll nach hinduistischer Lehre die Vereinigung mit „brahman" bringen. Nach hinduistischer Sicht kann er auf unterschiedlichen Wegen erlangt werden.

Eine Untersuchung in der Zeitschrift „Psychologie heute" (Heft 2, Oktober 1974) konstatiert:

> „Die Verfechter der TM neigen dazu, die jetzt vorliegenden Forschungsdaten so zu präsentieren, als ob TM der einzig vernünftige Weg ist, um die erwähnten systematischen, wohltuenden Bewußtseinsveränderungen zu erreichen. Das ist kaum der Fall."

Genannt werden in dieser Untersuchung: Zen, Sufi, christliche Meditationsformen, autogenes Training, die Methode der Progressiven Relaxation.

> „All diese Techniken können zu einem Zustand tiefer und wohltuender Ruhe führen. Das können auch Gebete oder sogar ein Tag am Strand" (a.a.O.).

Dies alles aber haben die „wissenschaftlichen" TM-Untersuchungen nicht in Rechnung gestellt.

Aus diesem Grund kann ihnen leider kein wissenschaftlicher Beweiswert zugesprochen werden. Es muß aber gerügt werden, daß seitens der WPC diese Untersuchungen als „Belege" verbreitet werden, ohne daß man eine Kontrolle für nötig zu halten scheint.

Gutachten

Die TM-Bewegung arbeitet (ähnlich wie Scientology-Kirche u. a.) mit unzähligen Gutachten und positiven Zeitungsartikeln als „Beleg" für die Bonität der Methode und des Systems. Presseartikel wurden gesammelt und in einem Werbebuch „Maharishi

Mahesh Yogi: World Press on our Contribution to Life and Progress 1967—1974" (Maharishi International University 1974) herausgegeben. Solche Zeitungsartikel haben als Gutachten oder Beweise überhaupt keinen Wert. Einige der Artikel sind von Anhängern der TM an die Ortspresse gegebene Darstellungen. Wenn diese abgedruckt werden, können sie bestenfalls als Selbstdarstellungen angesehen werden. Wer würde da Kritik erwarten? Selbst Artikel aus Zeitschriften wie „Der Einkauf — Unabhängige Information über Waren und Dienste" (Wien) sind wiedergegeben. Auch Lokalnachrichten aus dem „Marbacher Anzeiger" (23. 1. 1974) sind ausgewertet.

Gegen Ende der Werbeschrift wird auch eine staatliche „Resolution" der „77ten Generalversammlung des Repräsentantenhauses von Illinois" abgedruckt, die der TM als einer „simple natural technique" allerhand Lob angedeihen läßt. Ähnliche Proklamationen von Staaten und Kommunen sind in den USA leicht zu haben. Scientology, Mun's Unification Church, Guru Maharaj Ji und andere haben solche „Proklamationen" als angebliche Gutachten für die Qualität ihrer Lehren und Programme vorgelegt. Diese Papiere haben keinerlei Beweiswert.

Bestätigungen von Lehrern, Physikprofessoren etc. haben ebenfalls keinen anderen Wert als den, kund zu tun, daß die betreffende Person TM für gut hält.

Man frage sich jedesmal, ob einem der Unterzeichner einer solchen TM-Ergebenheits-Adresse auch als richtungsweisende Autorität in anderen persönlichen Problemen dienen könnte, ehe man seiner werbenden Zustimmung in Sachen TM folgt. Ein Professor für Romanistik hat diesbezüglich nicht mehr Beweiskraft als ein Leichenbestatter oder eine Weißnäherin.

Die Transzendentale Meditation (TM)

Wer TM-Meditierender werden will, wendet sich an die Weltplan-Center oder an einen autorisierten Einweiher. Er bekommt einige Einführungsstunden — an denen er auch teilnehmen kann, wenn er später nicht TM machen will — und wird dann in einer speziellen Vorbereitung auf den Akt der Einweihung zugeführt. Diese selbst vollzieht sich vor dem Bild des Guru Dev (des Meisters und Lehrers von MMYogi), wobei der Neuling in einer Zeremonie die nur seinem Einweiher und ihm bekannte Meditationssilbe zugeflüstert bekommt. Diese soll er niemals verraten. Die Bekanntgabe könne allerlei geistige und sonstige Negativfolgen haben, heißt es.

Die Meditationssilbe sei auf den Neumeditierenden persönlich zugeschnitten. Dabei muß jedoch gesagt werden, daß jeder TM-Lehrer selber nur eine recht begrenzte Anzahl von Meditationssilben zum Weitergeben hat, da es nur wenige solcher Silben gibt. Sie werden den Meditierenden nach Alter und anderen Auswahlfaktoren zugeteilt.

Die Mantren der TM

Die Mantren sind der Motor der ganzen TM-Bewegung. Sie dürfen nicht verraten werden. Diese Geheimhaltung geht so weit, daß auch ehemalige TM-Meditierende sich fürchten, die Mantren preiszugeben. Vermutlich aus der Angst heraus, die magische Kraft dieser Mantren könne sich dann „gegen sie wenden".
In einem Falle beging ein junger Meditierender Selbstmord, aus Angst, in einer therapeutischen Hypnose sein Mantra zu verraten.

Die Mantren werden je nach Altersgruppen vergeben. Diese Altersgruppenmantren sind in der folgenden Liste aufgeführt. Bei einigen ist die Aussprache anders als die Schreibweise (englische Transscription der indischen Mantren):
eng (0—11 Jahre); em (12—13 Jahre); enga (14—15 Jahre); ema (16—17 Jahre); aing (18—19 Jahre); aim (20—21 Jahre); ainga (22—23 Jahre); aima (24—25 Jahre); shirim (26 bis 29 Jahre); shiring (30—34 Jahre); kirim (35—39 Jahre); kiring (40—44 Jahre); hirim (45—49 Jahre); hiring (50 bis 54 Jahre); shyam (55—59 Jahre); shyama (über 60 Jahre).
Es gibt ferner noch die Mantren: klim, sem, ayram, om, aum, bum, sem.

Für die Siddha-Techniken sollen mit „om" kombinierte Mantren verwendet werden, wie om-bu; -buwah, -mana, -jana, -tapa, -satiam usw.

Vagn Folkerman erklärt die Sache mit den Mantras in der dänischen Zeitung „Kristeligt Dagblad" folgendermaßen:

„Diese Technik nennt man Mantra-jap, denn die zuvor genannte Wortsilbe ist ein Mantra, das entgegengenommen wird. Es muß darauf hingewiesen werden, daß TM behauptet, daß das Mantra ein sinnloses Wortstück ist. Beispiele solcher Silben sind AIM, SEM und AINGA. Es läßt sich jedoch beweisen, daß diese Silben alle Codeworte für Gottesnamen sind. Beispielsweise ist das Mantra AIM Codewort für die Göttin Saraswati. Wenn man dieses Wort meditiert, wird man nach der Mythologie zum Brahma zurückgeführt, das die Quelle des Gedankens oder kreative Intelligenz genannt wird, von wo die Silbe ursprünglich einmal ausgegangen ist. Dadurch hat man Transzendenz erlangt. . . .

Das Mantra . . . hat seinen Ursprung im Brahma und ist selbst als Mantra ein Teil der weiblichen Urkraft. Das Mantra, das also göttlich ist, hat die Kraft, den Menschen zu seinem Ausgangspunkt zurückzuleiten, der selbst Brahma ist. Die wichtige Rolle des Gurus in diesem System besteht darin, daß er alle Mantras besitzt. Die TM-Lehrer sind alle von Maharishi durch besondere Kurse autorisiert, diese Mantras weiterzugeben.

Das Ritual, das bei der Initiation (Einweihung) aller Meditierenden verwendet wird, ist in der Weise wichtig, daß es sicherstellt, daß das Mantra die göttliche Kraft erhält. Wenn es von einer Person ohne Autorisierung durch Maharishi weitergegeben wird, dann ist es nichts als ein zufälliges Wort ohne Kraft.

Dieser Glaube an die besondere Kraft des Mantras ist der Grund dafür, daß man sein Mantra niemals verraten darf, weil man glaubt, daß es dadurch seine Kraft verliert."

Zweimal täglich soll sich der Meditierende für die Meditation Zeit nehmen. Die Silbe wird dabei nur gedanklich, nicht etwa wirklich gesprochen. Diese Meditationszeit sollte jeweils (früh und abends) etwa 15 Minuten betragen.

Wer sich der TM enger verschreiben will, etwa als Lehrer, wird auch gewisse Enthaltsamkeitsregeln befolgen: Rauchen und Trinken von Alkohol sind verpönt. Vegetarismus ist in der oberen TM-Hierarchie üblich. MMYogi meditiert, vertrauenswürdigen Nachrichten zufolge, persönlich nicht.

Ein TM-Kurs kostete 1975 DM 300,—, Studenten zahlen die Hälfte. Weiterführende Seminare sind teurer. Ein TM-Lehrer-Ausbildungskurs (fünf Monate zweimal wöchentlich plus acht Wochenendkurse) kostet an Gebühren DM 1600,—.

Nach eineinhalb Jahren regelmäßiger Meditationspraxis wird eine Fortgeschrittenen-Technik angeboten („vergeben"). Diese beschleunigt und harmonisiert angeblich die Entfaltung der Persönlichkeit. Damit wird deutlich, daß die TM-Meditation übertroffen werden kann. Außer der Fortgeschrittenen-Technik gibt es auch Vertiefungskurse. „Sie geben einen zusätzlichen Schwung — besonders sind sie auch für diejenigen zu empfehlen, die noch nicht das Gefühl haben, ganz sicher ‚drin' zu sein."

Von Anfang an hat MMYogi die Gabe gehabt, seine Anhänger in verschiedenen Bewegungen zu organisieren. Inzwischen sind alle TM-verbreitenden Organisationen in einer Weltbewegung zusammengefaßt, da MMYogi mit TM die ganze Welt ordnen und verbessern zu können glaubt.

Beim heutigen Stande der Verbreitung, der wissenschaftlichen Behauptungen und der hohen Preise für die Einweihung ist es nicht falsch, sich einmal die Anfänge Maharishi Mahesh Yogis in Europa ins Gedächtnis zu rufen.

Der „Abend", Berlin, berichtet am 2. 9. 1960:

„‚Heiliger Mann' nach Berlin
Bonn, 2. September. Der indische ‚heilige Mann' Maharishi Mahesh Yogi kommt nach Deutschland. Am 12. September wird er eine Vortragsreise durch die Bundesrepublik antreten. Außer Bonn stehen auch Stuttgart, München, Hannover, Bremen und Berlin auf seinem Reiseplan. Er will durch ‚tiefe Meditation' zur ‚geistigen Erneuerung der Menschheit' das friedliche Zusammenleben der Völker fördern.

Die Methode des ‚heiligen Mannes' soll man in einer halben Stunde erlernen können. Maharishi hat 15 Jahre im Himalaya im ‚Tal der Heiligen' gelebt und von dort 1958 seine Missionsreise durch die Welt begonnen ..."

Und der Pressedienst „ap" berichtet:

„Der ‚heilige Mann' lebt asketisch, hat lange, über die Schultern reichende Haare und trägt einen Vollbart. Für sich selbst lehnt er jede finanzielle Unterstützung ab. Sein Unterricht ist kostenlos."

Das hat sich inzwischen doch etwas geändert.

In einer Zahl neuerer Kurse, zum Teil mit erheblichen Gebühren (z. B. DM 6000,— etc.), werden inzwischen so unglaubliche Okkultphänomene als angeblich erlernbar angeboten, wie „Fliegen" (ohne Apparate), „Durch die Wand gehen", „Unsichtbar werden", „Jünger werden" usw.

Der Weltplan

Ziel des Maharishi'schen Weltplanes ist es, „durch Anwendung der WKI (Wissenschaft der kreativen Intelligenz) in allen Bereichen des öffentlichen und privaten Lebens jedem Menschen die volle Entfaltung seiner Persönlichkeit und der unentwickelten Fähigkeiten zu ermöglichen. Hierzu wird pro 1 Million Menschen ein Weltplan-Center eingerichtet".
Für je 1000 Menschen soll auf der ganzen Erde je ein WKI-Lehrer bereit stehen, wobei jedes WPC 1000 WKI-Lehrer ausbilden soll.

Organisatorische Struktur

„Der Deutsche Weltplanrat ist mit seinen Schwesterorganisationen aus 70 Nationen auf internationaler Ebene im ‚World Plan Executive Council', WPEC, Seelisberg, Schweiz, vertreten und hat den nationalen Sitz seiner Organisationszentrale in Düsseldorf. Unter der Schirmherrschaft des Deutschen Weltplanrates sind gleichzeitig fünf Organisationen gleicher Aufgabenstellung, jedoch mit unterschiedlichen Zielgruppen in der Gesellschaft zusammengeschlossen (siehe MIU Catalogue S. 57). Die Koordination und Dokumentation der wissenschaftlichen Forschung auf dem Gebiet der WKI hat in Deutschland der MERU-FRSI (bisher MIU-FRSI), Forschungsring Schöpferische Intelligenz e. V., 3000 Hannover, Gretchenstraße 36, übernommen.

Dies sind: SRM Geistige Erneuerungsbewegung e. V. / SIMS Student's International Meditation Society e. V. / SWKI Stiftungsfonds für die Wissenschaft der Kreativen Intelligenz e. V. / MIU/WYMS World Youth Movement for the Science of Creative Intelligence e. V. / IMS Internationale Meditationsgesellschaft e. V."

Besonders gefördert wird die Gründung und Verbreitung von TM-Organisationen, die auf Berufsstände bezogen sind, wie u. a. eine „Vereinigung deutscher Ärzte zur Förderung der Gesundheit durch TM". Ähnliche Organisationen sollen TM in der Justiz und im Erziehungswesen verankern. Für den Bereich Militär wurde ein Koordinatorennetz in der SIMS geschaffen. Weitere „Koordinationsbereiche": Politik und Verwaltung, Schulen, Hochschulen.

Was wird der Weltplan bringen?

(Zitiert aus „Zeitalter der Erleuchtung — Festausgabe zum Besuch Maharishis in Deutschland" 1975.)
„Gesellschaft im Zeitalter der Erleuchtung:
Die Gesellschaft im Zeitalter der Erleuchtung wird durch die Entwicklung von Selbstgenügsamkeit charakterisiert, die zur Unbesiegbarkeit in einem natürlichen Zustand von Ausgeglichenheit und Ordnung führt. In diesem Zustand werden alle Handlungen von den Naturgesetzen unterstützt. Die Tendenz des gesellschaftlichen Lebens ist ganz spontan positiv, fortschrittlich und erfüllend. Negative Tendenzen wie Krankheiten, Verbrechen, Unruhen, Alkoholismus und andere schwächende Gewohnheiten werden verschwinden. Nationale Energie und finanzielle Mittel können zweckentsprechend verwandt werden, um die Zukunft des Volkes in größtmöglichem Fortschritt zu sichern. Unfälle, Konflikte und Streitigkeiten sterben aus. Moral und Tugend wird sich frei entfalten. Reines Bewußtsein lenkt das Schicksal der Gesellschaft zum Guten. In einer Umgebung von Harmonie und Fortschritt fällen die Politiker spontan richtige Entscheidungen und steuern das Schiff der Nationen in eine sichere Zukunft. Die Gesellschaft wächst in den Fähigkeiten, ihren Nachbarländern ein Maximum zu geben und maximal zu empfangen. Jede Gemeinde ist eine Freude für jede andere Gemeinde. Harmonie und Glück trägt überall den Sieg davon. Diese Aussagen sind nicht aus Wünschen und Hoffnungen entstanden, sondern sie sind Ausdruck der tatsächlichen Gegebenheit, gestützt auf wissenschaftliche Untersuchungen, die zeigen, daß die Verbesserungen der Lebensqualität in einer Stadt sich direkt proportional zur Anzahl der Personen verhält, die die Technik der Transzendentalen Meditation ausüben."

Wenn man in diesen Versprechungen keinen Fall von Scharlatanerie sieht, was durchaus möglich wäre, muß man fast von einem Nötigungsversuch sprechen. Welche Regierung wollte nicht alle diese Heilsgüter für die Gesellschaft des Staates, dem sie dient? TM wird hier als Allheilmittel vorgestellt und es ist überraschend, daß eine Werbung, die sich so übertreibend gibt, überhaupt mit Erfolg rechnen kann. Vermutlich sind diese Anpreisungen durchaus ernst gemeint.
Es ist eine paradiesische Heilswelt, die hier vorgestellt wird. Sie geht sowohl an den Erkenntnissen der menschlichen Geschichte, als auch am biblischen Menschenbild vorbei.
Betrachtet man diese und die folgenden Versprechungen aber unter dem Gesichtspunkt, daß hier Glaubensaussagen gemacht

werden, sind auch diese Übertreibungen legitim. Sie sind dann Heilsverkündigung, nicht reale Zustandsbeschreibung.

> „Regierung im Zeitalter der Erleuchtung
> Die Regierung ist in jedem Land eine allmächtige Organisation. Ihre Mitglieder sind die fähigsten Köpfe des Landes. Sie kontrolliert das gesamte wirtschaftliche Potential der Nation und hat unbegrenzte Autorität, Gesetze zu erlassen. Sie kann alles tun, um die Würde und den Fortschritt des Landes aufrechtzuerhalten. Unglücklicherweise scheinen heutzutage die Regierungen von Problemen überwältigt zu sein. . . .
> Jetzt ist die Zeit gekommen zu erkennen, daß jedes Regierungssystem in seinem Bemühen, eine Gesellschaft frei von Problemen und Leiden und voller Harmonie, Glück und Frieden zu schaffen, erfolgreich sein kann. Die Wissenschaft der Kreativen Intelligenz bietet das so sehr erstrebenswerte Wissen und die praktische Erfahrung, die jeder Regierung helfen können, das Ideal ihrer eigenen Verfassung zu verwirklichen und ihre Würde auf das Podium der Unbesiegbarkeit zu erheben, so schnell und natürlich, daß 1975 für jede Nation das Jahr der Erfüllung sein kann."

Das hier gebotene Regierungsbild entspricht nicht dem unserer demokratischen Welt. Es liest sich wie der Bericht über eine utopische Philosophendiktatur.
Regierungen werden in Demokratien ja nicht deswegen gewählt, weil irgend jemand da sein muß, der alles leitet (und dem man zutraut, daß er die besten Programme dafür auswählt), sondern demokratische Wahlen sollen über vorgestellte Programme entscheiden, die die Wähler für gut und wünschenswert halten.
Inzwischen ist das Jahr 1975 vergangen. Maharishis Kurzstreckenziel ist nicht erreicht worden.
Die Würde einer Verfassung liegt auch nicht darin, daß sie aufs „Podium der Unbesiegbarkeit" erhoben wird, sondern daß sie die Grundlage für Rechtsstaatlichkeit gibt und garantiert.
Auch die anderen Erwartungen bezüglich des Weltplans lesen sich eher orientalisch-märchenhaft als realisierbar.

Zum Beispiel bezüglich der Gesundheit:
> „Erhöhte Krankheitsresistenz
> Normalisierung des Körpergewichts."

Bezüglich der Wirtschaft:
> „Maharishi Mahesh Yogi hat die ‚Absolute Theorie des Management' entwickelt, die den Mißerfolg aus jedem Verwaltungssystem ver-

bannt. Bestehende Probleme in Wirtschaft und Industrie werden verschwinden und neue werden nicht entstehen."

Bezüglich der Bekämpfung von Drogen- und Alkoholmißbrauch:
„Mit Erfolgsquoten von bis zu 80 Prozent hat sich WKI hier als wirksamste Methode erwiesen, da sie nicht nur von der Sucht befreit, sondern zugleich erfüllende Lebensinhalte schafft."

Bezüglich des Weltfriedens:
„Das Zeitalter der Erleuchtung wird durch einen permanenten Zustand von Harmonie, Glück und Frieden in der Welt gekennzeichnet. Die Formel für ein erfülltes Zusammenleben in der Völkerfamilie wurde von der Wissenschaft der Kreativen Intelligenz bereitgestellt, und die praktischen Auswirkungen sind durch wissenschaftliche Untersuchungen bestätigt worden."

Bezüglich der Weltbevölkerung:
„Die Völkerfamilie wird vollständig frei von Furcht sein, wenn nur fünf Prozent der Weltbevölkerung zweimal täglich 15 Minuten morgens und abends die Technik der Transzendentalen Meditation ausübt."

Bezüglich der Erziehung:
„Jedes Erziehungssystem, das die Wissenschaft der Kreativen Intelligenz integriert, wird in zunehmendem Maße die höchsten Ergebnisse erzielen. Aussprüche wie: ‚Das Leben ist ein Kampf' oder ‚Irren ist menschlich' verlieren ihre Berechtigung."

Bezüglich des Sports:
„Mehr Leistung bei weniger Training."

Zusammenfassend:
„Weder Streß, noch Verspannungen, Gebrechen, Schwierigkeiten oder Probleme können dem in jeder Beziehung wohltuenden Ansturm der Wissenschaft der Kreativen Intelligenz widerstehen, wie er in jedem, der die Technik ausübt, stattfindet. Somit wird das Zeitalter der Erleuchtung aufgrund der vollentwickelten Neurophysiologie des Menschen im Atem des ewigen Lebens unbegrenzt andauern."

Ansprüche und Behauptungen dieser Art, die sich noch dazu jedesmal auf „wissenschaftliche Forschungsergebnisse" stützen wollen, sind unannehmbar. Der Glauben, den sie fordern, ist eher weltanschaulicher oder religiöser Natur.
Der „Atem des ewigen Lebens" ist besonders enthüllend. Einmal zeigt sich hier die religiöse Qualität dieser Versprechungen.

Es wird sozusagen ein endzeitliches Himmelreich, ein Paradies auf Erden versprochen. Zum anderen ist die Methode solcher „Allheilmittel" stets auf den Glauben der Käufer gegründet. Und der ist nicht eine Zustimmung zu wissenschaftlich Bewiesenem („ewiges Leben" ist ein religiöser Glaubensinhalt, nicht etwas wissenschaftlich durch Tests nachweisbares), sondern zu weltanschaulichen oder religiösen Lehren.

Weltplan-Forderungen

Von der Regierung der Bundesrepublik Deutschland, und vermutlich auch von allen anderen Regierungen, wird seitens der TM-Bewegung einiges erwartet.

Zum Beispiel in der:
„1. Bildungspolitik: Einführung der WKI in das Schulwesen, die Erwachsenenbildung, den Sport, die Bundeswehr und sämtliche Ausbildungsgänge.
2. Gesundheitspolitik: Einsatz der WKI in der Gesundheitsvorsorge; therapeutische Verwendung in Kliniken und Sanatorien, im Rehabilitationswesen und im Drogenbereich; Aufnahme der TM in die therapeutischen Leistungen der Krankenkassen; Ausbildung aller verantwortlich im Gesundheitswesen Tätigen zu Lehrern der Wissenschaft der Kreativen Intelligenz.
3. Arbeits- und Sozialpolitik: Einführung der WKI in der Arbeitswelt in Form und Spezialkursen für Führungskräfte und Manager wie für Angestellte und Arbeiter; Verwendung der WKI im Strafvollzug; Ausbildung aller im Sozialwesen Tätigen zu Lehrern der Wissenschaft der Kreativen Intelligenz.
4. Regierung und Verwaltung: Berücksichtigung der Entdeckungen der WKI in Legislative und Exekutive; Übernahme von WKI-Programmen in den politischen Gremien wie auf allen Ebenen der Verwaltung.
5. Einsatz der Medien und der regierungseigenen Informationskanäle zur Aufklärung der Öffentlichkeit.
6. Bau oder Bereitstellung von Akademien zur WKI-Lehrerausbildung und zur Durchführung von WKI-Programmen aller Art.
7. Ausbildung von WKI-Lehrern für Programme in Deutschland und in den Entwicklungsländern.

8. Einstellung von WKI-Lehrern in den öffentlichen Dienst.
9. Bereitstellung von Räumlichkeiten und Mitteln für Unterricht, Organisation und Öffentlichkeitsarbeit der 62 deutschen Weltplan-Center."

Es ist verständlich, daß sich die TMler und WPC-Leute dagegen wehren, als Angehörige oder Propagandisten einer Religions- oder Weltanschauungsgemeinschaft angesehen zu werden. Diese Forderungen stellen die Beanspruchung einer übergebührlichen Bevorzugung einer Religions- oder Weltanschauungsgemeinschaft dar. Sie gehen weit über das hinaus, was beispielsweise die Kirchen oder die Parteien an Rechten haben. Es sollte auch nicht verwundern, wenn die WPC-Leute bei Stadtparlamenten, Länderregierungen etc. vorstellig werden. Als im niedersächsischen Landtag eine Antwort auf eine kleine Anfrage (Nr. 1081 vom 17. 9. 1975) erteilt wurde, in der es hieß

„Unsicherheit in Wort- und Normenfragen bietet zu allen Zeiten Betätigungsmöglichkeiten dieser Art" und „Die angesprochene Meditation bewegt sich in pseudowissenschaftlicher Aufmachung in magisch religiösen Formeln hinduistischer Tradition"

und die Stellung der Landesregierung gegenüber TM als „ablehnend" bezeichnet wurde, gab es breiten WPC-Protest.

Als angeblich wichtig für die Gesundheitspolitik in der Bundesrepublik versucht TM, die Meditation als „Gesundheitsprogramm" zu institutionalisieren.

Das Bundesministerium für Jugend, Familie und Gesundheit hat jedoch in einer Ausgabe des ministeriellen Pressedienstes vom 10. 10. 1978 konstatiert: „Transzendentale Meditation versucht Anhänger durch Meditationstechniken (angeblich ‚Entspannungstechniken') in eine Scheinwelt, frei von Leiden und Problemen zu führen." In dem Pressedienst wird von einer „entarteten religiösen Technik" gesprochen.

Daß sich eine besondere religiöse oder weltanschauliche Richtung für zukunftsrettend hält, ist nichts Neues. Neu ist hier, daß diese Richtung sich als wissenschaftliche Methode darstellt, und mit Hilfe dieser anderen Ausschilderung Begünstigungen zu erlangen trachtet, die ihr verfassungsmäßig nicht zustehen.

Dabei soll durchaus gesehen werden, daß die TM-Anhänger

vielleicht ein anderes Bild von Religion oder Weltanschauung haben als es unserer Gesetzgebung zugrunde liegt.
Wollten die Bundesregierung oder ein Länderparlament besondere Begünstigungen für das WKI- oder TM-Programm gewähren, müßten diese Vorteile auch allen anderen Programmen aller anderen Religions- und Weltanschauungsgemeinschaften zugestanden werden. Damit jedoch würde eine Unzahl von Programmen jeden Unterricht, jede Verwaltung, ja alles öffentliche Geschehen zersplittern und blockieren.
Es steht der TM-Bewegung jedoch offen, für ihre etwa 70 000 angeblich Meditierenden besondere Verträge mit den Bundesländern abzuschließen zu versuchen wie dies von anderen Religions- und Weltanschauungsgemeinschaften auch praktiziert wird.

Weltregierung und GTM

Ende Oktober 1977 wurde bei der Weltplan-Bewegung als rechtlicher Träger die „GTM Gesellschaft der Weltregierung des Zeitalters der Erleuchtung zur Förderung der Transzendentalen Meditation und der Wissenschaft der Kreativen Intelligenz" gegründet. Die GTM fungiert dabei als „Träger der Weltregierung" und will eine „ideale Gesellschaft" verwirklichen.
Dazu will sie u. a. „das Leben in der Gesellschaft in vollkommener Ordnung ... erhalten"; besondere Jahreszeitenfeste ausrichten; „maximalen Fortschritt und Wohlstand für die ganze Nation ... garantieren"; Residenzen des Zeitalters der Erleuchtung errichten und „den Menschen zu vollkommener Gesundheit ... befähigen".
Der gesamte Plan dürfte als Hinweis auf die Selbstüberschätzung des TM-Systems zu werten sein, oder als ein Versuch, die hindureligiöse Methode der Mantra-Meditation möglichst geschickt zu verbreiten. In einem Televisions-Interview, aufgeschrieben in „The Western TM Reporter" (Summer 1974, P 12), sagte Maharishi Mahesh Yogi:

> „Es gibt nur ein Gesetz, das alle Regierungen erlassen müssen, und dann wird jedermann von sich aus gesetzestreu sein. Dieses Gesetz würde die Kenntnis der ‚Wissenschaft der kreativen Intelligenz' und die zweimal täglich zu praktizierende Transzendentale Meditation vorschreiben. Mit diesem einen Gesetz würde der Zweck aller Gesetze voll erfüllt sein."

Wie die Maharishi-erleuchtete Gesellschaft aussehen wird, darüber gibt ein anderes Wort des Meisters Auskunft:

„Es gibt keinen Platz und wird nie einen geben für den Schwachen. Der Starke wird führen, und wenn der Schwache nicht folgen will, gibt es keinen Platz für ihn. ... Im Zeitalter der Erleuchtung gibt es keinen Platz für unwissende Leute. ... Die Nichtexistenz des Schwachen ist immer das Gesetz der Natur gewesen" („Inauguration of the Dawn of the Age of Enlightenment", MIU-Press, 1975 p. 47).

Eine wissenschaftliche Untersuchung über TM

Anfang Februar 1976 berichtete die Weltpresse von einem interessanten Test, den vier Psychologen von der „University of Washington" gemacht haben. Diese Wissenschaftler testeten die Transzendentale Meditation und fanden, daß die Meditierenden den größten Teil der Meditationszeit in einer Art Schlafzustand verbrachten, der wenig von den versprochenen Wohlseinszuständen zu geben scheint.

In dem Report heißt es:

„Wir haben festgestellt, daß die Versuchspersonen große Zeitspannen in den Schlaf-Phasen Zwei, Drei und Vier verbrachten, und unsere Daten weisen darauf hin, daß die Meditations-Periode nicht in einem gleichbleibenden, besonders wachen, hypermetabolischen Zustand verbracht wird."

Im „Münchner Merkur" (6. 2. 1976) wurde dies etwas salopp aber wohl zutreffend skizziert:

„Mantra — sinnloses Schlüsselwort

In anderen Worten: Die Maharishi-Formel zur Bewußtseinserweiterung, als Allheilmittel gegen Übel von Sonnenbrand bis zur Schizophrenie angepriesen, ist nichts anderes als das, was nicht von der Gurumuse Geküßte nach dem Verzehr des Sonntagsbratens durchexerzieren.

Moral der US-Psychologen: Spart die 125 Dollar, die ein Meditations-Kurs kostet und gegen die man sein ‚Mantra' erhält, ein sinnloses Schlüsselwort, mit dem man sich in die Glückseligkeit der ‚Morgenröte des Zeitalters der Erleuchtung' (Maharishi) hineinmurmelt."

Es bleibt wohl noch festzustellen, daß die von den Meditierenden erlebten Positiv-Folgen mit Selbstbeeinflussung zu erklären sein werden. „Ich glaube, daß es mir gut geht, also geht es mir

gut. Weil es mir gut geht, weiß ich, daß das gut ist, woran ich glaube."
Rückschlüsse dieser Art sind jedoch nur dann praktikabel, wenn keine seelische Krankheit vorliegt. In einem solchen Fall könnte ein zerstörerischer Selbstbespiegelungsprozeß ablaufen. „Es müßte mir gut gehen. Warum geht es mir nicht gut? Es steht also noch viel schlechter mit mir als ich angenommen habe!" Auf diese Weise kann das „sinnlose Schlüsselwort" (das Mantra oder Mantram) zum Schneidbrenner an der Tür zum seelischen Chaos werden.

Verbreiten die WPC Religion?

Die Beantwortung dieser Frage ist davon abhängig, ob TM eine religiöse Technik ist, ob MMYogi ein religiöser Lehrer ist und religiöse Ziele verfolgt.

Die Quelle

Die Quelle liegt eindeutig im Hinduismus. Der Guru des MMYogi war der Hinduheilige, „Seine Göttlichkeit" der „Guru Dev", dessen Schüler MMYogi 13 Jahre lang gewesen sein will. Als reisender Hindu wird MMYogi gebeten, das Geburtstagsfest seines Meisters in Madras auszurichten. Dabei und dort kommt ihm die Erleuchtung, die ganze Welt „spirituell zu regenerieren". Es entsteht die „Spiritual Regeneration Movement" (SRM). Von diesem Anstoß der Erleuchtung aus befeuert, begibt sich der Yogi sofort und umgehend auf Missionsreise. Er stellt keine wissenschaftlichen Untersuchungen an und hat das auch zuvor nicht getan oder tun können.

Die Verehrung des Meisters

Mit seinem Einverständnis verehren ihn seine Anhänger als „His Holiness", „Seine Heiligkeit". Dies ist klar erkenntlich ein religiöser Titel. Ob er ihm zusteht, ist eine hinduistische Angelegenheit.
Charles F. Lutes, der erste Vizepräsident und zweite Präsident der Spiritual Regeneration Movement in den USA, schreibt im Vorwort zu Maharishi Mahesh Yogis Buch „Die Wissenschaft vom Sein und die Kunst des Lebens":
„Maharishi zu kennen und in seiner Gegenwart zu sein, heißt sogleich erkennen, daß hier ein Mensch ist, der andere über-

ragt; einer, der wahrhaftig Gott kennt und die irdische Verwirklichung des Höchsten, was dem Menschen erreichbar ist, lebt. Darin ist er der unmittelbare Erbe der Tradition von Indiens großen Meistern" (a.a.O. S. 13).

Als MMYogi im Sommer 1975 München besuchte, wurde dort verlautbart:

„Alle Ehre gilt ihm, dem Meister, der diesen Strom des Wissens aus dem Himalaya gebracht hat."

Das ist wiederum eine religiöse Formel.

Anhänger äußerten sich bei den Veranstaltungen wie folgt:

„Ich durfte ihm in die Augen schauen"; „Ich bin glücklich, einmal zu Dir reden zu dürfen. Ich lege mein kleines Ego in Demut vor Dir nieder." (Öffentlicher Beitrag in der Olympiahalle. Antwort des MMYogi: „Das ist natürlich. Ganz natürlich.")

„Ich verdanke ihm alles. Auch daß ich ein besserer Christ bin. Alles, überhaupt alles verdanke ich Maharishi."

Alle diese Aussprüche und Stellungnahmen dokumentieren ebenso eine religiöse Verehrung, wie das Ritual des Überreichens einer Rose, zu dem die in München versammelten Anhänger direkt aufgefordert wurden. Dem Yogi eine Blume überreicht zu haben, rechnet sich wohl jeder Anhänger zur besonderen Ehre an.

Der Selbstanspruch der TM

Zum ersten dokumentiert der Begriff des „Zeitalters der Erleuchtung" die religiöse Zuordnung. Dazu der Yogi in München:

„In diesem Zeitalter der Erleuchtung wird es kein Leid mehr geben. Die Religionen, die sagen, es müsse Leid geben, wissen nicht was sie sagen."

Die Allumfassendheit und Allwirklichkeit von TM dokumentiert gleichermaßen, daß es sich hier um ein „Weltheilmittel", einen Glauben handelt.

Diese Allumfassendheit kann nur mit dem Selbstanspruch von Religionen verglichen werden.

In der Festschrift zur Eröffnung der Erleuchtungsmorgendämmerung werden unter vielen anderen folgende Wirkungsbereiche angegeben:

Abnahme der Atemfrequenz, des Atemvolumens sowie der Herzfrequenz; Veränderung des Gehirnwellenmusters.

Erhöhte Effektivität der Atmung und der Herztätigkeit; Normali-

sierung von hohem Blutdruck; Befreiung von Schlaflosigkeit; erhöhte Krankheitsresistenz; Normalisierung des Körpergewichts; Verringerung des Alkohol- und Zigarettenkonsums.
Im Sport mehr Leistung bei weniger Training; schnelleres Reaktionsvermögen; schnelleres Intelligenzwachstum.
Zunehmende Persönlichkeitsentfaltung und Selbstverwirklichung; zunehmende Normalität und geistige Gesundheit; Abnahme von Angst.
Steigerung der Kreativität und der Produktivität; mehr Befriedigung bei der Arbeit.
Rehabilitation von Strafgefangenen; Abbau von Drogenmißbrauch; Abnahme der Kriminalität in einer Umgebung wachsender Kriminalität (1-Prozent-Studie).

Als „Anwendungsbereiche für die Wissenschaft der Kreativen Intelligenz" (ein TM-Produkt) werden genannt:

„Individuum: Förderung des körperlichen, geistigen und seelischen Wohlergehens jedes Bürgers durch Entfaltung des vollen Potentials seiner kreativen Intelligenz.
Medizin: Gesundheitsvorsorge, Therapie und Rehabilitation durch Beseitigung der psychosomatischen Komponenten im Krankheitsgeschehen.
Erziehung und Bildung: Nicht nur Vermittlung von Wissen, sondern zugleich nichtverbale Erziehung durch Entfaltung von Intelligenz und Lernvermögen, durch Entwicklung, Motivation und Integration der Persönlichkeit, durch ganzheitliche Förderung aller kreativen Ausdrucksformen.
Wirtschaft: Mehr Leistung bei weniger Aufwand und Verschleiß durch größere Befriedigung und bessere zwischenmenschliche Beziehungen, durch höhere Kreativität bei Führungskräften wie bei Arbeitern und Angestellten. Verminderung der enormen volkswirtschaftlichen Verluste durch Krankheit, Unlust und Abwesenheit.
Rehabilitation von Strafgefangenen: WKI (Wissenschaft der Kreativen Intelligenz) macht den Strafvollzug zum Rehabilitationsvorgang durch Abbau von Angst und psychophysischer Gestörtheit, die die Kriminalität fördern.
Bekämpfung von Drogen- und Alkoholmißbrauch: Mit Erfolgsquoten bis zu 80 % hat sich WKI hier als wirksamste Methode erwiesen, da sie nicht nur von der Sucht befreit, sondern zugleich erfüllende Lebensinhalte schafft.
Umweltschutz: Ein stabiles Umweltsystem kann im Zeitalter der Technik nur entstehen, wenn der ‚Faktor Mensch' in ihr stabilisiert ist; Appelle an Verzicht und Askese können keine Änderung im Verhalten der Individuen bewirken, wohl aber der Abbau von Egoismus und Aggression und die Entfaltung von Einsicht, Weit-

blick und psychischer Stabilität. Diese Eigenschaften entstehen spontan durch die Praxis der WKI.

Sicherung des Weltfriedens: Die Grundlage für dauerhaften Frieden in der Welt ist der Friede in jedem einzelnen Individuum. Er entsteht durch Befreiung des Menschen von Problemen aller Art, von Angst und Unsicherheit, die sich aus der mangelhaften Entfaltung seiner angeborenen Fähigkeiten ergeben. WKI schafft diesen schöpferischen Frieden in jedem Menschen."

Diese allumfassende Wirkung von TM ist eine Folgerung aus Mahesh Yogis Lehren. In seinem Buch „Die Wissenschaft vom Sein..." erklärt er dies auch. Und die Erklärung ist eindeutig religiös:

„Volles Potential bedeutet eine vollständige Koordination des Göttlichen mit den materiellen Lebensschichten des Menschen, die volle Ausnutzung der Kapazität von Verstand und Geist, vollkommene Gesundheit und die Durchdringung des täglichen Lebens mit dem göttlichen Leben oder Gottesbewußtsein" (a.a.O. S. 98/99) und „Die Übung der transzendentalen Meditation entfaltet das volle Potential des Göttlichen im Menschen und erhebt menschliches Bewußtsein auf die Ebene des Gottesbewußtseins" (a.a.O. S. 100).

Das Menschenbild, das hinter TM steht

Hinter TM steht das Bild von einem Menschen, der in sich vollkommen ist, diese Vollkommenheit auch durch Übermittlung einer speziellen Technik erreichen und damit sich und die Welt erlösen kann.

Dieses Menschenbild ist gnostisch. Es findet sich aber auch in den Veden, auf die TM expressis verbis zurückgeführt wird.

Der zur Selbsterlösung bestimmte Mensch wartet nur auf den großen Bringer des geheimen Schlüsselwortes (bzw. der geheimen Technik) und das endzeitliche Werk kann beginnen.

Das jeweilige Meditationswort wird absolut geheim gehalten. Die Technik ist nicht für jedermann, sondern für eine kleine (auch zahlungsfähige) Elite. Auf diese Elite kommt es an. Meditieren 1—4 %, dann reicht das. Sie sind die wirkliche Menschheit (Gnostiker), mit denen der Kosmos steht oder fällt, besser wird oder in Dunkelheit versinkt.

Nun redet man bei TM viel von Bewußtsein. Aber dieses Bewußtsein ist bei Maharishi Mahesh Yogi „Seligkeitsbewußtsein". Und auch über das „Sein" redet der Hindumönch Maharishi Mahesh Yogi anders, als Christen das können. Unser „Sein" ist „Geschaffen-Sein" bzw. „geschaffenes Sein". Bei Mahesh Yogi ist es die Quelle der Schöpfung (nach dem Hinduismus sind alle Dinge eins):

„Die Erfahrung zeigt, daß Sein Seligkeitsbewußtsein ist, die Quelle allen Denkens, aller existierenden Schöpfung. ... Das Sein ist die lebendige Gegenwart Gottes, die Wirklichkeit des Lebens. Es ist die ewige Wahrheit; es ist das Absolute in ewiger Freiheit" (a.a.O. S. 31).

Seligkeitsbewußtsein ist für Mahesh Yogi „‚Sat-Chit-Ananda‘ — Es ist ‚Sat‘: das, was unveränderlich ist; es ist ‚Chit‘: das, was Bewußtsein ist; es ist ‚Ananda‘: das, was Seligkeit ist".
Dieses Bewußtsein bzw. Seligkeitsbewußtsein will TM den Menschen vermitteln.
Es ist die Einheit von Schöpfer und Schöpfung, die uns in diesem TM-Menschenbild entgegentritt. Es ist das hinduistische Menschenverständnis.

Die Selbstaussagen des Meisters

Auf einer Nachmittagsveranstaltung im Münchner Hotel „Vier Jahreszeiten", die für „Personen aus dem öffentlichen Leben" bestimmt war (davon waren aber nicht viele da), hatte ich Gelegenheit, in der Diskussion dem Yogi eine Reihe von Fragen zu stellen.

Autor: „Ist dies eine vedische Tradition?"
MMY: „Good, we can say it."
   Später ergänzend: „Vedic tradition is most ancient tradition of human knowledge — not religious tradition."
Autor: „Kann der Mensch Gott erkennen?"
MMY: „Im wissenschaftlichen Zeitalter wird der Mensch fähig, Gott real zu erkennen."
Autor: „Durch TM?"
MMY: „Correct."
Autor: „Führt TM zur Seligkeit?"
MMY: „Ja. In diesem Zusammenhang ist das Zeitalter der Erleuchtung ein Nebenprodukt. So führt TM zur Seligkeit und läßt das Zeitalter der Erleuchtung hinter sich."

Weitere Aussagen des Yogi auf dieser Veranstaltung:
„Wenn das kosmische Bewußtsein weiter wächst (durch TM), wird es zur Einheit in Seligkeit."
„Es gibt in meiner Anschauung Gottes kein Leiden Gottes."

„Im Zeitalter der Erleuchtung gibt es keine Krankheit mehr, selbst Unfälle werden zurückgehen."
„Wir heilen nicht. Die Krankheiten verschwinden einfach. Die Leute fallen aus ihrem Leiden heraus."
In diesem Zusammenhang ist es auch wichtig, eine bei TM anscheinend vergessene Lektion Maharishi Mahesh Yogis ins Gedächtnis zurückzurufen. Es ist sein erster Auftritt in einer Universität, als er am 25. 5. 1959 an der University of Southern California eine Vorlesung hält. Die Abschrift des Tonband-Protokolls findet sich als Anhang zu dem Buch „A Hermit in the House" (Los Angeles, 1967) abgedruckt. Die Zitate werden ihrer Bedeutung wegen in englisch und in deutscher Übersetzung wiedergegeben:

„Religion is the path leading to all development in life, leading to all glories in life; ultimately leading to the eternal glory which is the essential nature of life, eternal Bliss. Religion is the direct path to eternal Bliss, to salvation" (a.a.O. S. 197).

(Religion ist der Pfad, der zu aller Entwicklung im Leben, zur höchsten Blüte des Lebens, letztendlich zur ewigen Herrlichkeit führt, die die eigentliche Natur des Lebens ist, ewige Seligkeit. Religion ist der direkte Weg zur ewigen Seligkeit, zur Erlösung bzw. zum Heil.)

Über sich selbst sagt Maharishi dann

„I was introduced as one coming from the Shankarayharya Order. Shankara, the philosophy of Shankara, is that all this world is Bliss, and Bliss alone is, and That I am. Everything is Bliss, and I myself am Bliss and nothing else is.
All this is Brahman, Brahman is Absolute Bliss, Eternal Bliss, the ultimate Reality, the truth of existence" (a.a.O. S. 198).

(Ich wurde eingeführt als jemand, der aus dem Shankarayharya Orden kommt. Shankara, die Philosophie des Shankara, ist, daß alles Seligkeit, und nichts als Seligkeit ist, und das bin ich. Alles ist Seligkeit und ich bin Seligkeit, es gibt nichts anderes. All das ist Brahman, Brahman ist absolute Seligkeit, ewige Seligkeit, die letzte Realität, die Wahrheit des Seins.)

Interessanterweise nennt Maharishi Mahesh Yogi im gleichen Zusammenhang die Shankara-Philosophie

„the experience of the most, most scientific minds" (a.a.O. S. 199)

(die Erfahrung des wissenschaftlichsten Geistes überhaupt), und erklärt Brahman dann mit

„Brahman, the nature of Brahman, is that which Christ said, The Kingdom of Heaven, I and the Father are One" (a.a.O. S. 201).

(Brahman, die Natur von Brahman, ist das, was Christus sagt, das Himmelreich, ich und der Vater sind eins.)

Und bezüglich seiner TM-Technik stellt Maharishi Mahesh Yogi klar:

„Here is a technique to experience it, to be blissful. This fulfills the purpose of all religions. This fulfills the commandments of all great masters of all religions."

(Hier ist eine Technik das zu erfahren, selig zu sein. Sie erfüllt den Zweck aller Religionen. Sie erfüllt die Gebote aller großen Meister aller Religionen.)

Und deutlich sagt Maharishi Mahesh Yogi:

„That is Nirwana" (a.a.O. S. 213) — (Das ist Nirwana), damit das Ziel hinduistischer Religiosität klar und deutlich nennend. Daß er es mit dem Himmelreich gleichsetzt, ist sein Mißverständnis bezüglich des christlichen Glaubens.

Und er schließt diese Vorlesung mit dem schönen Bekenntnis:

„This is the fulfillment of all philosophy, this is the goal of all religions — at one stroke of Transcendental meditation" (a.a.O. S. 214).

(Das ist die Erfüllung aller Philosophie, das ist das Ziel aller Religionen — mit einem Schlag, nämlich mit der Transzendentalen Meditation.)

Deutlicher läß sich nicht sagen, was heute seitens TM und seitens der Weltplan-Bewegung geleugnet wird.

In seinen Ansprachen enthüllt MMYogi den religiösen Hintergrund und Anspruch von TM. „Anläßlich des beginnenden 3. Jahres des Zeitalters der Erleuchtung" führte MMYogi am 12. 1. 1977 auf dem Vierwaldstätter See aus:

„Es ist jetzt unsere von Guru Dev gesegnete Aufgabe, die Grenzen des Unbegrenzten zu brechen und so das Absolute im Relativen lebendig werden zu lassen.

Noch vor zwei Jahren hatten wir keinerlei Anzeichen für das Zeitalter der Erleuchtung, dem lebendigen Ausdruck des Absoluten. Heute sehen wir durch das Fenster der Wissenschaft bereits die ersten Sonnenstrahlen aufsteigen.

Die zunehmende Reinheit des Wissens, die in der Zunahme von Positivität und Geordnetheit des kollektiven Weltbewußtseins deutlich sichtbar ist, befähigt uns jetzt erfolgreich für die Verwirklichung der idealen Gesellschaft aktiv zu werden. Dabei liegt unsere Stärke in der Erfahrung der Siddhis. Wie spontan, mühelos und natürlich diese Siddhis lebendig werden, bestätigen die Erfahrungen der Teilnehmer unserer 6-Monatskurse.

Die ideale Gesellschaft wird nicht durch Anstrengung erreicht, wir brauchen nur den chit-Wert, d. h. reines Bewußtsein — nach außen im Relativen wirksam.

So entnehmen wir den Veden, daß nicht nur Aktivität wichtig ist. Weisheit ist mächtiger als Kraft. Nicht Handlung, sondern Wissen führt zu Erfolg. Wissen bringt Handlung zuwege, und Erfolg kommt nur aus Handlung. Eine Verstrickung in Aktivität, ohne den Bereich des Wissens einzubeziehen, war Ursache für alle individuellen und gesellschaftlichen Probleme. Durch unsere Lebensphilosophie, die den Veden entspringt, sind wir in der Lage, ein Leben frei von Problemen zu schaffen.

Das Studium der Veden beginnt mit der Kunst des Transzendierens. Mit TM wird diese Kunst belebt, und als Ergebnis wird es überall Siddhas geben, die Bürger des Zeitalters der Erleuchtung; nur im transzendentalen Bewußtsein liegt der Erfolg der Sutras.

Mit Hilfe der Siddhis stabilisieren wir auf sehr einfache Weise eine ideale Gesellschaft.

Nun wissen wir, wie wir Impulse geben können, wie wir allen ihre Mitverantwortung bewußt machen können."

TM und das Bibelverständnis

Immer wieder behaupten Anhänger der TM etwa folgendes:
„Seit ich TM mache, kann ich die Bibel erst richtig verstehen." — „Vorher gab mir die Bibel nichts. Durch TM kann ich mit der Bibel erst etwas anfangen."

Maharishi Mahesh Yogi äußerte mehrfach, daß durch TM die Christen „bessere Christen" würden; dies, obwohl er das Leiden als eine Art Irrtum ablehnt, also keinen Zugang zum Sinn des Leidens Christi haben kann.

Folgerungen:

Gerade weil TM sich als einen Weg versteht, den Christen zum besseren Christen zu machen, zum besseren Verständnis der Bibel zu führen, muß eine religiöse Komponente von TM konstatiert werden. TM schafft ein bestimmtes Bibelverständnis, ein bestimmtes Glaubens- und Religionsverständnis, das mit dem christlichen Selbstverständnis nicht in Einklang zu bringen ist.

Die Selbstaussagen des MMYogi, seine Verehrung, die Quelle und der heute noch praktizierte Rahmen der Einweihungen sowie die Ansprüche von TM weisen dieselbe als eine religiöse Technik aus.

TM ist eine vom hinduistischen Welt- und Menschenbild her verstehbare und annehmbare religiöse Selbsterlösungstechnik (Regenerationstechnik). Ihre Wirkungen entsprechen dem Welt- und Menschenverständnis sowie den Gottesvorstellungen, die von seiten der hinduistischen Religion folgerichtig angenommen werden.

Es ist auch ein Zug dieser Religiosität, daß sie keine Unterschiede der Religionen akzeptiert, sondern sie alle einer Gesamtschau zuordnet. In diesem „latenten Synkretismus" hat selbstverständlich auch Jesus von Nazareth eine besondere Stellung (wie jeder religiöse Lehrer), ohne daß sein Leiden und sein Tod von dieser Position her als sinnvoll gedeutet werden könnten.

In diesem Lichte betrachtet, verbreiten die WPC Religion. Allerdings im hinduistischen Sinne.

Nach der Veranstaltung im Hotel „Vier Jahreszeiten", die der Yogi für „Persönlichkeiten aus dem öffentlichen Leben" abhielt, kam einer der Teilnehmer auf den Autor dieser Schrift zu und bekannte:

„Ich habe in dieser Meditation das gefunden, was ich niemals in einer Bibelstunde gefunden habe."

Er drängte regelrecht: „Schreiben Sie das auf, Herr Pfarrer." Es war sein Bekenntnis. Er, so sagte er, und seine Söhne würden erst jetzt „die Bibel richtig verstehen". Die Maßstäbe für dieses „richtig" hatte er von MMYogi. Dieses „richtig" ist eine der verräterischsten Vokabeln im TM-Sprachschatz. Es taucht immer wieder auf. Es zeigt, daß man in TM einen Maßstab gefunden zu haben glaubt, an dem sich alles messen läßt.

Diese Feststellung wird durch die „Ziele" des Weltplanes nur untermauert.
MMYogi ist ein Missionar. Seine Lehre entspricht dem hinduistischen Gottes- und Menschenbild. Seine Aktivitäten beziehen sich eingestandenermaßen darauf. Da die WPC seine Ideen und seine Lehre weitergeben, müssen sie als „hinduistische Missionen" gesehen werden — jedenfalls vom christlichen Standpunkt aus.
Allgemein gesehen, kann TM „eine" Lebensweisung unter vielen anderen sein.
MMYogi selber im genannten Buch:
„Dieses Buch stellt eine These auf, um des Menschen Suche nach Wahrheit in Wissenschaft, Religion und Metaphysik zu befriedigen" (a.a.O. S. 21).
Damit ist die Sache klar.

„Gegenbeweise" und ihre kritische Durchleuchtung

Es ist wichtig zu sehen, daß der Hinduismus mit seiner offenen (synkretistischen) Einstellung gegenüber anderen Religionen es den TM-Anhängern leicht macht, TM als „keine Religion und keine religiöse Praktik" darzustellen. Einer der TM-Lehrer schreibt in einem Brief, betreffend die erste Auflage dieses Heftes der „Münchener Reihe": „Es geht schon bei der Frage an, ob bzw. was unter Religion zu verstehen ist — ob z. B. Hinduismus überhaupt zu den Religionen gezählt werden kann, was Veltheim-Ostrau ja bestreitet, weil die Einheitlichkeit, das Dogma und die Alleingottverkörperung fehlt" und er gibt weiterhin zu bedenken, „Hindu kann nur sein, der in eine Kaste hineingeboren wurde; deshalb gibt es die uns vertraute Missionierung nicht". Auch berufe sich Maharishi „auf die Veden, die nach seiner Auffassung vorhinduistisch sind, ebenso wie die Botschaft Jesu als Verkündung des Reiches Gottes von anderer Art war, als die Lehre von Jesus bzw. über ihn" (Zitate aus einem Brief vom 17. 11. 1976).
Dazu werden dann von den TM-Centern immer wieder Belege gegeben, worin die TM oder ihre Nebenerscheinungen als „nichtreligiös" bezeichnet werden. Es ist hier nicht der Platz, sich mit dieser uferlosen und belanglosen „Beweis-Literatur" auseinanderzusetzen.
Kritische Würdigung verdient allein das folgende Zeugnis:
Am 16. 10. 1976 beschwor und unterschrieb der Professor for

Religious Studies der University of Virginia, K. L. Seshagiri Rao, sein „Wissen über SCI/TM" (SCI ist die Abkürzung für „Science of Creative Intelligence", „Wissenschaft der kreativen Intelligenz") vor dem US-Consul in Neu-Delhi. Er erklärt, kein TM-Praktizierender zu sein und die englische Übersetzung des „Puja" gelesen zu haben. Außerdem habe er noch einige Unterlagen aus einer Klageschrift gelesen, in deren Zusammenhang er als Zeuge gebeten worden sei. Der Professor für religiöse Studien hat also als Grundlage für seine Aussage die Unterlagen eines Prozesses, darin enthalten die englische Übersetzung des „Puja". Dieses „Puja" wird als Anhang zu diesem Kapitel abgedruckt, um den Lesern eine korrekte Information zu geben. Seshagiri Rao ist Inder und Hindu.

Er sagt nun folgendes aus (die Nummern bei den Hinweisen beziehen sich auf die Rao-Aussage):

Keines der als Mantren benutzten, ihm in einer Liste vorgelegten Worte sei „der Name eines Gottes im Hindu-Pantheon". Beispielsweise bezeichne das Wort „shyam" eine „dunkelfarbige Person" (8).

Die Mantras seien „nur als Klanghilfen für den meditativen Gebrauch benutzt".

> Das kann der Professor eigentlich gar nicht beurteilen, denn er hat sich selbst nicht als TM-Praktizierender bezeichnet. Es ist eine Aussage, die Rao seitens der TM übernommen haben dürfte. Es wird auch nicht behauptet, daß die Mantren Götternamen seien, sondern daß es sich um Kultworte handle, die bestimmten Göttern zugewiesen sind. Das Mantra „shyam" wird also ursprünglich auf einen Gott hinweisen, der dunkelfarbig dargestellt wird, wie beispielsweise der Gott Krisna in einer seiner Erscheinungen.

Über die Puja-Zeremonie mit der Opfergabe eines Handtuches, der Blumen und des Obstes sagt Rao, diese Zeremonie ähnele säkularen Zeremonien, die auf dem indischen Subkontinent durchaus üblich seien.

„In Indien beginnen viele säkulare Aktivitäten mit einer Puja-Zeremonie oder einer Dankbarkeits-Zeremonie". Auch Kinder würden mit einer solchen Zeremonie den Lehrer ehren, wenn sie mit dem Lernen beginnen würden. „Puja meint nichts anderes als Ehrung", stellt Rao fest (11—13).

> Dem ist entgegenzuhalten, daß der, der geehrt wird, der religiöse Lehrer Guru Dev ist, daß diese Ehrung eben doch die

hinduistischen Gottesnamen führt, die heiligen Schriften der Hindus einschließt und durch und durch mit hinduistischem Glaubensgut gefüllt ist. Ob das nun der Einzuweihende weiß oder nicht.
Schließlich kommt Sheshagiri Rao zu folgender Aussage: „Hinduismus und Neo-Hinduismus, mit denen ich vertraut bin, haben bestimmte wesentliche Glaubensinhalte und Lehren, die in der SCI und TM-Technik total fehlen. Zum Beispiel schließen der Hinduismus und die unterschiedlichen neuhinduistischen Kulte einen Glauben an die Lehre der Wiedergeburt und Wiederverkörperung (Punarjanma), Seelenwanderung (Samsara), Karma, spirituelle Befreiung (Moksha) und den göttlichen Ursprung der Veden (apaurusheyatva) ein" (16).
Zuerst einmal kann festgestellt werden, daß der erste Name der TM-Bewegung „Spiritual Regeneration Movement" (Spirituelle Erneuerungsbewegung) gewesen ist.
Für die anderen Punkte seien hier einfach einige Zitate aus Maharishi Mahesh Yogis Buch „Die Wissenschaft vom Sein und die Kunst des Lebens" wiedergegeben:
K a r m a — „Karma ist der eigentlichen Natur des Seins immanent, und die Schöpfung findet ihre Ursache in ihm" (Seite 50).
Karma, Wiederverkörperung und spirituelle Befreiung:
„Die Folgen einer Handlung, die dazu bestimmt sind, nach tausend Jahren zurückzukehren, erreichen eine Seele, wo immer im Universum sie sich befinden mag. Diejenigen, die kein Verständnis für die Philosophie der Wiedergeburt und Kontinuität des Lebens nach dem Tode haben, werden es schwierig finden, die Philosophie des Karam zu verstehen. Wie kann es sein, daß ein Mensch durch Jahrmillionen hindurch fortfährt, die Früchte seines Handelns zu ernten? Bis zu dem Zeitpunkt, da die Seele befreit wird, solange die individuelle Seele nicht in der kosmischen Existenz aufgegangen ist, wird sie ihre Individualität erhalten, in welcher Welt oder welchem Körper sie sich auch immer befindet" (Seite 151).
Veden: „Die Wissenschaft vom Sein und die Kunst des Lebens ist die Summe der praktischen Weisheit vom integrierten Leben, hervorgebracht durch die Rishis der Veden im alten Indien und durch das Wachstum wissenschaftlichen Denkens in der heutigen westlichen Welt" (Seite 21).

Warum wird der religiöse Hintergrund der TM so vernebelt? Weil dadurch eine größere öffentliche Förderung von TM erwartet wird. Es wäre doch kaum durchführbar, in den religiös neutralen Demokratien eine öffentliche Finanzierung zu erreichen, wie es seitens der TM beabsichtigt ist.

Maharishi Mahesh Yogi stellt selbst heraus, daß die Art und Weise, in der TM angepriesen werden soll, davon abhängt, welche Art von Propagierung am besten ankommt, den größten Erfolg verspricht.

„Wenn die Religion das Massenbewußtsein beherrscht, sollte die Transzendentale Meditation in religiösen Begriffen gelehrt werden. Wenn das metaphysische Denken im Bewußtsein der Gesellschaft dominiert, sollte sie metaphysisch definiert werden, mit dem Ziel, das metaphysische Denken der Zeit zu erfüllen. Wenn die Politik das Bewußtsein der Massen beherrscht, sollte die Transzendentale Meditation in politischen Begriffen gelehrt werden, mit dem Ziel, die politischen Bestrebungen der Zeit zu erfüllen. Wenn wirtschaftliche Fragen im Massenbewußtsein vorherrschend sind, sollte die Transzendentale Meditation in ökonomischen Begriffen dargelegt werden, mit dem Ziel der Erfüllung der ökonomischen Aspirationen der Zeit.

Heute, solange die Politik das Schicksal der Menschen bestimmt, sollte die Lehre vornehmlich auf den Bereich der Politik und in zweiter Linie auf den der Wirtschaft bezogen werden. Dann wird es leichter sein, sie über alle Länder zu verbreiten und sie nicht nur überall volkstümlich und beliebt, sondern auch allen Menschen praktisch verfügbar zu machen. Wenn dann nach einigen Jahren wirtschaftliche Aspekte die Oberhand gewinnen, sollte die Lehre zuerst auf die Bestrebungen in diesem Bereich bezogen werden. Die Politik sollte dann den zweiten Rang einnehmen und Metaphysik und Religion den dritten. Die Lehre der Transzendentalen Meditation sollte sich auf jene Strömung beziehen, die das Massenbewußtsein zu einer bestimmten Zeit lenkt.

In der Gegenwart scheint es notwendig, daß die Transzendentale Meditation durch Vermittlung der Regierungsorgane jedermann verfügbar gemacht wird. Wir stehen gegenwärtig in einer Zeit, in der jede Bemühung, eine neue und nützliche Ideologie zu verbreiten, nur mit Hilfe der Regierungen zum Erfolg gelangen kann" (MMYogi, a.a.O. S. 247).

Die PUJAs

„Vor LORD NARAYANA, vor dem lotos-geborenen BRAHMA, dem Schöpfer, vor VASHISHTHA, vor SHAKTI und seinem Sohn PARASHAR, vor VYASA, vor SHUKADEVA, vor dem großen GAUDAPADA, vor GOVINDA, dem Herrscher unter den Yogis, vor seinem Schüler SHRI SHANKARACHARYA, vor seinen Schülern PADMA PADA und HASTA MALAKA und TROTACHARYA und VARTIKA-KARA, vor anderen, vor der Tradition unserer Meister beuge ich mich nieder.

Vor der Wohnung der Weisheit in den SHRUTIS, SMRITIS und PURANAS, vor dem Hort der Güte, der personifizierten Herrlichkeit des HERRN, vor SHANKARA, dem Befreier der Welt, beuge ich mich nieder.

Vor SHANKARACHARYA dem Erlöser, erschienen als KRISHNA und BADARAYANA, vor dem Erklärer der BRAHMA SUTRAS beuge ich mich nieder.

Vor der Herrlichkeit des HERRN beuge ich mich wieder und immer wieder,
an dessen Tür die ganze strahlende Schar der Götter Vollkommenheit erfleht Tag und Nacht.

Weil wir uns vor ihm, dem mit unermeßlicher Herrlichkeit geschmückten Lehrer der ganzen Welt, niedergebeugt haben, werden wir Erfüllung erlangen.

Geübt die Wolke der Unwissenheit des Volkes zu zerstreuen, der Völker-Befreier, BRAHMANANDA SARASVATI, der höchste Lehrer — Ihn bringe ich in mein Bewußtsein hinein.

Indem ich die Anrufung den Lotos-Füßen von SHRI GURU DEV darbringe, beuge ich mich nieder.

Indem ich einen Sitz den Lotos-Füßen von SHRI GURU DEV darbringe, beuge ich mich nieder.

Indem ich eine Waschung den Lotos-Füßen von SHRI GURU DEV darbringe, beuge ich mich nieder.

Indem ich Tuch den Lotos-Füßen von SHRI GURU DEV darbringe, beuge ich mich nieder . . ."

Außerdem werden dargebracht in den Anrufungen: Sandelpaste, gewürzter Reis, eine Blume, Weihrauch, Licht, Wasser, Früchte, ein Bethel-Blatt und Kokosnuß.

Die Anrufung geschieht vor einem kleinen Altar mit dem Bild des Guru Dev. Mitgebracht werden vom Einzuweihenden: ein weißes Tuch, Blumen und Früchte.

Der „Sidhi-Effekt"

Mit dem sogenannten „Sidhi-Effekt" hat TM ohne Zweifel die größtmögliche Breite öffentlicher Aufmerksamkeit erregt. Vor allem die Behauptung, durch TM könne man die Schwerkraft überwinden (landläufig: „man könne fliegen ohne Apparat"), hat sich als werbewirksam erwiesen. Daneben werden noch allerhand andere Wunder-Ergebnisse behauptet:

„Die Fortgeschrittenenkurse, die unter der Leitung von Maharishi Mahesh Yogi an der Maharishi European Research University (MERU) strukturiert wurden, haben gezeigt, daß es möglich ist, kreative Fähigkeiten zu erlangen, die für gewöhnlich nicht als Teil der Möglichkeiten menschlichen Verhaltens angesehen werden. Solche höheren Fähigkeiten oder Sidhis, wie sie in der überlieferten vedischen Literatur genannt werden und an der MERU erfolgreich ausgeübt werden, sind: Freundlichkeit und Stärke, visuelle Wahrnehmungen von Gegenständen bei geschlossenen Augen, Vergegenwärtigung von körperlichen Organsystemen, Steigerung der Hörschärfe in verschiedenen Graden, Anfangsstadien von Unsichtbarkeit und Levitation.

Der Zweck der TM-Sidhi-Übungen besteht nicht so sehr darin, die rein äußerliche Fähigkeit zu ungewöhnlichen Leistungen zu entwickeln, wie bemerkenswert diese auch sein mögen, sondern darin, innere Ganzheit oder Erleuchtung zu festigen. Die TM-Sidhi-Techniken dienen dazu, die üblichen sensomotorischen Kanäle zu vertiefen und sie soweit zu erweitern, daß jeder Impuls des Geistes sich direkt physikalisch manifestiert, selbst wenn Aktivitäten wie Fliegen oder visuelle Wahrnehmungen bei geschlossenen Augen verlangt werden. Auf diese Weise wird die Geist-Körper-Koordination bis zum höchsten Grade gestärkt, so daß der Körper auf jedes Verlangen des Geistes, wie immer es auch sein mag, reagiert.

Vorläufige Untersuchungen über TM-Sidhis zeigen an, daß der Zustand vollkommener Gesundheit von einer Verzögerung des Alterungsprozesses begleitet wird. Bisherige Werte weisen auf acht Jahre Verjüngung während eines Zeitraumes von sechs Monaten hin, in denen die TM-Sidhi-Techniken ausgeübt wurden.

Sowohl die TM-Sidhi-Techniken als auch der Zustand, der durch sie erreicht wird — perfekte Gesundheit —, sollten nicht als außergewöhnliche Phänomene betrachtet werden, auch wenn sie zur Zeit statistisch gesehen unüblich sind. Vielmehr stellen sie den natürlichen Endpunkt des Wachstums bestehender Fähigkeiten wie An-

passung, Problemlösung und Kreativität dar. Sie zeigen die normale Leistungsfähigkeit des vollkommen entwickelten Individuums."
(aus einer Einladung zur Gründung der GTM, Oktober 1977)

Behauptungen dieser Art dürfen ins Märchenreich verwiesen werden. Auch dann, wenn Akademiker als Zeugen bemüht werden. Das sogenannte „Fliegen" ist nichts als ein Hüpfen auf dicken Matten, der Verjüngungsprozeß ist reine Ansichtssache. Das Sidhi-Programm der TM kann als Unfug betrachtet werden, für den mit unglaubhaften Darstellungen geworben wird.

TM ist religiös

TM ist religiös. Darüber kann kein Zweifel bestehen. Sie ist keine eigene Religion, sondern gehört dem Bereich des Hinduismus an. TM braucht keine Priester, obwohl zu fragen sein wird, ob nicht die TM-Lehrer und Center-Führer eine solche Stellung einnehmen. Sie braucht keine speziellen Kapellen oder Weiheräume, aber dort, wo „Seine Heiligkeit" gegenwärtig ist, scheint „heiliger Ort" zu sein. Auch erklären TM-Anhänger einem ab und zu, welche „Ruhe und innerer Frieden ausstrahlen" von den Centern oder der Akademie in Bremen oder dem Domizil in Seelisberg/Schweiz.

Die Transzendentale Meditation gehört zum Bereich der hinduistischen Religiosität. Ob sich die Benutzer und Gläubigen dieser Methode bzw. des Maharishi Mahesh Yogi nun bewußt sind oder nicht. Wer TM meditiert, läßt sich damit auf eine Praxis ein, die auf dem hinduistischen Menschenbild aufbaut, die hinduistische Gotteserfahrung vermittelt (man lese dazu das Kapitel „Wege zur Gott-Verwirklichung" in Mahesh Yogis Buch) und von der hinduistischen Weltanschauung her lebt.

Das ausgezeichnete amerikanische Büchlein „What Everyone Should Know About Transcendental Meditation" (von Gordon R. Lewis, erschienen bei G/L-Publications, Glandale, Kalifornien, 2. Auflage 1975, ISBN 0-8307-0353-5) stellt ebenso fest:

„Second, the evidence we have already examined demonstrates the fact that the world view and way of life inherent in the SCI/TM technique is a religious not a secular perspective. Maharishi himself acknowledges the Hindu sources. TM is essentially Hindu religious practice" (a.a.O. S. 69).

Am 12. 12. 1977 kam denn auch der „United States District Court, District of New Jersey" zu folgendem Urteil:
„Daß die Wissenschaft der Kreativen Intelligenz / Transzendentalen Meditation und die darauf begründete Unterweisung . . . und die Puja-Zeremonie ihrer Natur nach religiös sind (are all religious in nature)" und daß die WKI/TM-Unterweisung in den öffentlichen Schulen des Bundesstaates New Jersey verfassungswidrig sei. (Docket No. 76—341 H. C. M.). Da WKI / TM weltweit einheitlich gelehrt werden, hat dieses Gerichtsurteil auch außerhalb des amerikanischen Rechtsgebietes Aussagekraft.

Die Transzendentale Meditation —
eine hinduistische Meditationsmethode?

Die Transzendentale Meditation wird von ihren Verbreitern als „eine in neuerer Zeit wiederentdeckte natürliche Technik für tiefe Ruhe und Persönlichkeitsentfaltung" bezeichnet. Erst seit wenigen Jahren gilt sie als „praktischer Aspekt der Wissenschaft der Kreativen Intelligenz" (WKI). Sie mache sich die „jahrtausendealte Überlieferung der Vedischen Tradition zunutze".
Dieser Widerspruch zwischen angeblicher Neuentdeckung und jahrtausendealter Tradition kommt dadurch zustande, daß diese Meditationstechnik einerseits als dem wissenschaftlichen Zeitalter angepaßt geschildert werden soll, andererseits in der Tat hinter ihr ein Menschen- und Weltbild steht, das der hinduistischen vedischen Tradition entstammt.
Da der Hinduismus nicht eine geschlossene Religion (wie etwa der Islam oder das Christentum) darstellt, sondern eher als Lebens-Grundhaltung beschrieben werden muß, kann er alle möglichen Riten und Einzelwege aufnehmen. Er ist eine von sich aus synkretistische Religion, deren Grundlage allein der Gedanke ist, die im Körper verhaftete Seele frei werden zu lassen und mit der höchsten Gottkraft, deren Teil sie auch ist, zu vereinen.
Befreit werden soll das Ich, Selbst oder wie immer man es nennen mag, das durch äußere Dinge (Körper, Umwelt etc.) behindert und seiner Freiheit oder freien Entfaltungsmöglichkeit beraubt wird.
So wie TM heute im Westen verbreitet wird, wird sie kaum die Zustimmung frommer Hindus finden. Man darf sich aber

von dem ganzen „Beweise"-Kleid und dem von MMYogi mit offensichtlichem Interesse und Vergnügen betriebenen Wissenschafts-Spiel nicht ablenken lassen, TM ist keine Methode, die nach christlichem Verständnis den Begriff „überkonfessionell" bekommen sollte. Im hinduistischen Sinne, der sich selber ja auch als „überkonfessionell" begreifen würde, ist sie es sicher.
Ohne Frage hat TM Wirkungen. Wenn Meditierende sich sorgfältig beobachten, werden sie wohl auch feststellen können, daß diese Wirkungen zu einer bestimmten Einstellung auf die Umwelt führen. Ein TM-Meditierender sagte das so: „Sie lassen mich über das Unwesentliche hinwegsehen und mich nur noch auf das Wesentliche konzentrieren." Das wäre der „große Weg", der das kleine Alltägliche außer acht läßt. Auf diesem Weg müßte letztlich der Mensch auch für die Empfindungen, Gefühle, Emotionen unansprechbarer oder unangreifbarer werden. Er wäre dann dabei, das Äußere seiner Wirkung zu entkleiden und den gleichen Befreiungsweg zu gehen, den die Sadhus Indiens gehen wollen, und den die Gurus lehren. Von Kennern indischer Meditationsmethoden hört man aber erstaunlich wenig Zustimmendes zu TM. Das liegt nicht an Inhalt und Ziel, sondern offensichtlich an der Art, wie MMYogi seine TM verbreitet. Er hat sich da sehr auf die westliche Welt eingestellt.
Die TM-Welt ohne Leiden und Schmerz würde übrigens auch eine Welt ohne Glück und Freude sein. Es wäre eine Welt im Zustand des Nirwana.
Im Vorwort zu MMYogis Buch „Die Wissenschaft vom Sein und die Kunst des Lebens" wird die TM als „Gottes Lehre" bezeichnet, ihr Bringer MMYogi als „die irdische Verwirklichung des Höchsten, was dem Menschen erreichbar ist". Der Yogi selber aber bezeichnet in diesem Buch TM als „Der mechanische Weg zur Gottverwirklichung" (S. 340). Dieser Weg bestehe darin, „den Geist zum transzendentalen, absoluten Sein zu führen oder den Menschen in den Bereich Gottes" (S. 339). Das ist Hinduismus.
Übrigens erfüllt die Einweihungszeremonie, das Puja-Ritual, alle Stücke einer hinduistisch-gottesdienstlichen Opferzeremonie. Es ist ein Götterbild zugegen — das Bild des „gottverwirklichten" Guru Dev; ein Priester — der Initiator; ein ritueller Anrufungs- und Opferungstext — das Puja; Opfergaben — weißes Tuch, Frucht, Blumen etc. und ein Opfernder — der Initiand, der Einzuweihende. Dabei ist tatsächlich der Priester (Initiator)

der einzig aktiv Handelnde. Daß der Opfernde (der Initiand) vom Puja kein Wort versteht, macht gar nichts. Tausende verstehen die Kultsprache der Priester nicht — Hauptsache das Ritual läuft korrekt ab. Dafür haben die Initiatoren MMYogi einen Eid geleistet. Übrigens erhält der Opfernde dann auch eine Götter-Gabe: das mit „Kraft" gefüllte Mantra.

Ist ein Hindu, wer TM-meditiert?

Es kann und soll nicht behauptet werden, daß der, der TM meditiert, damit ein Hindu geworden ist. Das wäre eine Verkennung der Möglichkeiten der TM-Technik (soviel kann sie nun auch wieder nicht bewirken) und der Motive der Meditierenden. Wer TM meditiert, hat zuerst einmal den Werbesprüchen und „Beweisen" Glauben geschenkt bzw. sich von einem Bekannten die Nützlichkeit einer solchen Meditation sagen lassen.

Richtig ist, daß wir zu wenig zur Besinnung über uns, unsere Handlungen, die Folgen unserer Handlungen und über den Sinn und Zweck sowie das Ziel unseres Lebens kommen. Es ist verständlich, daß viele Menschen zu einer angeblich „überall praktikablen, leichten und 100prozentig wirksamen Methode" greifen möchten.

Sie können nicht ahnen, daß es zu einem großen Teil Autosuggestion ist, was ihnen die ersten Erfolge in dieser Technik bringt. Sie vertrauen den TM-Lehrern und dem Mantra.

Es gibt nützliche Selbstbeeinflussungstechniken. Beispielsweise das Autogene Training, das aber nur unter Anleitung eines dafür ausgebildeten Arztes geübt werden sollte. Es gibt auch ganz einfache Entspannungshilfen: eine gute Schallplatte, ein außer der Tagesreihe genommenes Bad usw. Und es gibt hochkarätige Hilfen: das Gebet und die Beichte.

Zur vollen Meditation braucht man immer wieder Anleitung. Und eine klare religiöse oder weltanschauliche Eingliederung.

Mantra-Mechanismen, das muß der Benutzer wissen, gehören in die hinduistische Religiosität. Wer TM meditiert, wird kein Hindu. Er läßt sich aber auf eine hinduistische Methode, gefüllt mit hinduistischen Inhalten, gelehrt von einem hinduistischen Lehrer-Mönch, ein. Und das gefährlicherweise, ohne sich darüber klar zu sein.

„Gefährliche Folgen"

In einer Dokumentation der „Aktion für geistige und psychische Freiheit" (Bonn 1978) werden die Folgen von TM besonders auf meditierende Jugendliche, die sich voll der TM verschrieben haben, aufgezählt:

„Ein eindeutiger Effekt mehrfacher Kursbesuche sind Verhaltensänderungen. Sie drücken sich aus in
— gestörtem Verhältnis zu Eltern, Freunden und Bekannten;
— Abwendung von bisherigen Aktivitäten und Hobbies;
— Vernachlässigung von Schulpflichten, Studium oder Beruf bis zur völligen Aufgabe;
— einseitig TM bezogene, sterile Unterhaltungen;
— Überheblichkeit und fanatischem Eintreten für die TM-Lehre.

Meistens bringt der Lehrerkurs den Durchbruch zu deutlicher Veränderung der Persönlichkeit. Die Abwendung von der realen Welt wird vollzogen. Unter Geringschätzung aller materiellen Werte und Sicherheiten wird kosmisch-göttliches Bewußtsein angestrebt. Verstärkt wird diese Verhaltensänderung durch die Lehre, daß jede neue Einweisung eines weiteren Mitglieds die Fähigkeit steigert, kosmisches Bewußtsein zu erlangen. ...

Weitreichend bis katastrophal sind die Folgen bei fortgesetzten Kursbesuchen. Sie finden sich vor allem bei solchen Jugendlichen, die sich intensiv mit der TM befassen, weil sie nach einem erstrebenswerten Lebensziel suchen. Sie sind häufig idealistisch eingestellt und sozial engagiert. Die Jugendlichen sind schutzlos dem prägenden Einfluß der Sekte ausgeliefert, und bemerken nicht, wie ihr früher vorhandener Realitätsbezug langsam abgebaut wird. Ihr Gewissen wird „aufgeweicht" und sie übernehmen Schritt für Schritt die Normen und Werte der Sekte. Diese jungen Menschen geben unter dem Einfluß der Sekte ihr normales Leben völlig auf, sind dieser hörig und werden unfähig, sich selbst zu erhalten. ...

In einer Anzahl anderer bekannter Fälle berichten Eltern über weitere Folgeerscheinungen:
— Änderung des normalen Tagesablaufs mit stark reduzierter Belastbarkeit durch alltägliche Aufgaben. Tagesbeginn nach intensiver Morgenmeditation erst gegen Mittag.
— Überempfindlichkeit gegen Streß, Lärm;
— Anliegen Nichtmeditierender werden sofort als Bevormundung aufgefaßt und brüsk abgelehnt;
— Ausnahmsloser, strenger Vegetarismus;
— Persönliche Unzulänglichkeit und Selbstisolierung;
— Überheblichkeit und oft auch Unaufrichtigkeit;
— Selbstheilungsversuche durch TM oder Wahl der nur von der Sekte vorgeschlagenen Ärzte."

RRA e. V. — eine deutsche Reformbewegung

Unter dem Namen „Gesellschaft für Individual-Entwicklung RRA e. V." hat sich Anfang der 70er Jahre in Deutschland eine TM-Abspaltung institutionalisiert, die „Regeneration, Reaktivierung und Aktivierung" (= RRA) „durch selbsterarbeitete Bewegungsübungen, Tiefenentspannung und Biologische Ernährung" bewirken will. Mit dem Stichwort „Tiefenentspannung" (TE) ist jene veränderte TM-Methode gemeint, mit der sich die RRA e.V.-Bewegung von den Weltplan-Methoden unterscheidet und die mit der TM doch engstens verwandt ist:

„Sitzend mit geschlossenen Augen wiederholt man gedanklich eine bestimmte Lautkombination. Dies geschieht einmal am Vor- und einmal am Nachmittag jeweils bis zu einer halben Stunde."

Der Unterschied liegt ausschließlich in den verwendeten Meditationssilben. Auch RRA e. V. bezeichnet die vedische Religion als Quelle, von der man sich aber gelöst zu haben glaubt:

„Historischer Ausgang: Die Shankara-Charya-Tradition verwendete Folgen von Urlauten und erzielte damit Wirkungen im Innenleben. . . . Die Shankara-Charya-Tradition hat das Wissen um die Lauteffekte und gewisse Anhaltspunkte über deren technische Nutzung zugleich mit dem religiösen Gehalt überliefert."

Wie bei TM wird durch einen besonderen Einführer „ein Laut übermittelt. Diese Übergabe ist individuell auf den einzelnen abgestellt". Nach der mündlichen Übermittlung wird der Laut nicht mehr ausgesprochen. Diese Geheimhaltung (Arcandisziplin) findet sich auch bei TM. „Durch die Übung wird er zu einem Teil von uns."

Morgens vor dem Frühstück und abends vor dem Abendessen sei die beste Übungszeit. Mit vollem Magen soll nicht geübt werden, vor allem nicht nach vorherigem Genuß von Alkohol und Bohnenkaffee. Auch sollte der Übende in den ersten zwei Stunden nach der Übung nicht baden oder sich schweren körperlichen Anstrengungen aussetzen. Für Arbeiter ist diese Übung offensichtlich weniger geeignet.

Zuerst stelle sich bei fast allen Personen ein überhöhtes Schlafbedürfnis ein. Aber das gebe sich dann. Begleitende Beratung sei aber jedenfalls von Nutzen, vor allem um Fehler zu korrigieren.

Interessant ist, daß den Übenden geraten wird, nicht mit ihrem Partner (Ehegatten etc.) zusammen zu meditieren.

Überlegungen:

Es handelt sich um eine Meditationsmethode, der das gleiche Menschenbild zugrunde liegt wie der TM. Es ist eine nach innen führende Meditation, die die Freiheit des wahren Ich in einer Art gereinigten Nirwana-Zustandes zum Durchbruch bringen will („Ungebundenheit an jegliche Inhalte"). Es kann sein, daß am Ende dieser ständig durchgeführten Übungen eine Abflachung der Persönlichkeit und nicht deren Entfaltung steht. Es scheint auch hier die Gefahr einer individualistischen Isolation nicht auszuschließen zu sein.

Tiefenentspannung ist zudem schon dadurch gefährlich, daß diese entspannten Tiefen manches mühsam Gebändigte bergen können, dessen Freisetzung durch solche Übungen kaum mehr gehandhabt werden kann.

Warum hat TM solchen Erfolg?

Der Erfolg von TM ist unbezweifelbar. Vor allem in der sogenannten Mittel- und Oberschicht hat TM eine starke Verbreitung erfahren. Gemessen am Bevölkerungsbild der Bundesrepublik, dürften Arbeiter erheblich unterrepräsentiert sein (wenn es auch sicher ein paar TM-meditierende Facharbeiter gibt).

Auch in christlichen Kreisen finden sich immer wieder begeisterte TM-Anhänger und nicht selten verstehen sie TM geradezu als Mittel zur Glaubensbelebung.

Der Erfolg von TM scheint in zwei Dingen begründet zu sein:
1. TM kam in eine Welt und in Schichten, denen ihre eigene Existenz fragwürdig geworden war. Über den Materialismus in unserer Welt schimpfen ja nicht die unteren Einkommens- und Bildungsschichten. Darüber, daß die abendländische Welt von ihrer christlichen Wurzel entfremdet, allerhand Ersatz- übungen und -ideologien ergreift, soll hier nicht weiter geredet werden. Der Hinweis allein genügt.

   MMYogi kam nun mit einer Versenkungsmethode, die allem Materiellen ein Gegengewicht zu geben schien. Er gab den Ideologie- und Religionslosen einen Ersatz, der noch dazu ihrer Grundeinstellung entgegenkam.

2. TM wurde als voll integrierbare, evolutionistische Methode vermarktet. Obwohl sie einerseits Erlösung vom stumpfen Materialismus zu bringen schien, versprach sie doch, den Erfolgreichen noch erfolgreicher und den Arrivierten noch arrivierter zu machen. Gesundheit, Wohlstand, Erfolg gehören zu den Werbeversprechen. Lösung aller Probleme gemischt mit Selbstfindung (Heilsgüter plus opferfreie Ideologie) heißt das Wunderrezept.

Als Vorteil für TM hat es sich erwiesen, daß die Christenheit sich im Gefolge der technischen Veränderungen in eine Weltverbesserungsbetriebsamkeit eingelassen hat, die religiöse Grundwerte wie etwa Kontemplation, Beichte und Sündenvergebung, Sakramentsfrömmigkeit — kurzum die Seel-Sorge zurücktreten ließ. Wichtiger Grund: Personalmangel (zu wenig Priester und Pfarrer, diese dazu noch mit allerhand technischen Aufgaben beschäftigt).

Da TM auch fast nichts fordert (die Zahlungen mögen zwar besonders dann erheblich sein, wenn sich jemand zum Lehrer der TM ausbilden lassen will, im allgemeinen ist aber eine TM-Initiation vergleichsweise billig und außer Bargeld wird kein Opfer verlangt), ist sie in dieser Lage auf der Gewinnerseite. TM ist einer der Krisengewinnler der abendländischen Unsicherheit.

Es hat keinen Sinn, über TM und ähnliche andere Methoden zu schimpfen. Sinn dieses Heftchens ist auch nicht, eine „Gegenpropaganda" oder einen Kampf zu entfachen, sondern ein paar Überlegungen darzubieten, die letztlich in ein Stück Selbstbesinnung einmünden müssen.

TM wird sich — trotz aller Kritik — weiterhin in dem Maße durchsetzen, in dem die seelische Unsicherheit und Heimatlosigkeit um sich greifen.

Die christlichen Kirchen werden es nicht leicht haben, in dieser Lage solchen Meditationsangeboten ein Gegengewicht zu bieten. Man wird TM (ebensowenig wie Zen oder andere Meditationswege östlicher Religionen) nicht einfach christlich einfärben und dann weiterreichen können. Der christliche Glaube steht aber auch keinesfalls leer und ohne Möglichkeiten da. Manchmal führt jedoch die Entwicklung der Umwelt dazu, daß alte Schätze erst in ihrem Wert erkannt werden.

Ein Vorschlag

TM verlangt zweimal täglich 15 Minuten Zeit für Meditation. Man versuche einmal, sich dauerhaft zweimal täglich 15 Minuten Zeit zu nehmen, in der Bibel zu lesen. Einfach dem von den Kirchen angebotenen Leseplan folgend und nach dem einmaligen oder zweimaligen ruhigen Durchlesen des angebotenen Schriftabschnittes ohne zielgerichtetes Nachdenken dieses Wort „einfach durchlaufen" zu lassen. Man beschließe die Übung mit einem ruhigen Vaterunser, bei dem man nur das Amen laut spricht, dann einmal tief durchatmet, noch einen Moment ruhig sitzen bleibt und mit dem Segenswunsch „Es segne und behüte mich und mein Haus der Herr, der Allmächtige, Gott Vater, Sohn und Heiliger Geist" sich an sein Tagewerk oder zu seiner Nachtruhe begibt.

Dann wird man sehen, daß allein die Regelmäßigkeit der Übung einen guten Erfolg der „geordneteren Zustände" mit sich bringt. Dies um so mehr, als der Inhalt, um den diese Übung kreist, von ungleich höherem Rang als die TM- oder TE-Meditationslautfolge ist.

Prozesse und Gerichtsentscheide

Das wichtigste Urteil gegen TM dürfte der Entscheid im Prozeß Malnak ./. Maharishi Mahesh Yogi vorliegen, in der das Distrikts-Gericht von New Jersey die religiöse Qualität der TM aufgedeckt und TM vom öffentlichen Schulwesen in New Jersey ausgeschlossen hat. Das Urteil wurde in der nächsten Instanz bestätigt. Eine Appellation des obersten Bundesgerichts der USA fand nicht statt. (United States District Court, District of New Jersey, Civil Action No. 76-341, legal citation: Malnak v. Yogi, 440 F. Supp. 1284 [1977].)

In Deutschland wollte die IMS (Internat. Meditationsgesellschaft) als TM-Trägerverein die Bezeichnung der TM als „Jugendreligion" durch eine Einstweilige Verfügung verbieten. Das Landgericht Kassel kam zu folgendem Urteil: Der Antrag wird zurückgewiesen; der Antragsteller hat die Verfahrenskosten zu tragen. (4 O 118/78 LG Kassel)

Im April 1980 wollte die IMS mit elf anderen Klägern zusammen (darunter die „Vereinigung deutscher Ärzte zur Förderung der Gesundheit durch TM e. V.") per Einstweiliger Verfügung kritische Äußerungen im Zusammenhang der Aufklärung über Jugendreligionen seitens des Bundesministeriums für

Jugend, Familie und Gesundheit verbieten lassen. Auch der Versand von Informationsmaterial sollte verboten werden, in dem die TM unter die Jugendreligionen gezählt wird. Das Verwaltungsgericht Köln beschloß: „Der Antrag wird abgelehnt. Die Kosten des Verfahrens tragen die Antragssteller." Das Gericht hat besonders deutlich herausgearbeitet, daß eine gesundheitliche Gefährdung durch TM nicht auszuschließen ist. Dabei stützte es sich auch stark auf die von TM selbst vorgetragenen Materialien. (10 L 423/80 VG Köln)
Nach vorliegenden Informationen haben die Kläger gegen diesen Beschluß Beschwerde eingelegt.

Literatur

In dieser Zusammenfassung wird kritische Literatur vorgestellt. In Auswahl wird auch auf außerdeutsche Darstellungen verwiesen.

Haack, Friedrich-Wilhelm, Jugendreligionen — Ursachen, Trends, Reaktionen, München 1980[2], S. 183—215, ISBN 3-532-61804-4 (Umfassende Analyse der TM im Kontext des Phänomens Jugendreligionen);

Hauth, Rüdiger, Transzendentale Meditation — neue Wege zum Heil?, Gladbeck 1979, 44 S., ISBN 3-7985-0827-8 (Kurzgefaßte Darstellung und Kritik. Gutgeeignet auch für den Konfirmandenunterricht);

Mildenberger, Michael / Schöll, Alfred, Die Macht der süßen Worte, Wuppertal 1977, 152 S., ISBN 3-7615-0243-5 (Hervorragende Materialsammlung, kritisch aufbereitet);

Reller, Horst (Hg.), Handbuch religiöse Gemeinschaften, Gütersloh 1980[2], S. 591—608, ISBN 3-579-03585-1 (Kritische Analyse mit Ratschlägen für Unterricht und Seelsorge);

Schulte, Therese, Transzendentale Meditation und wohin sie führt, Stuttgart 1980, 251 S., ISBN 3-7725-0722-0 (Als ehemalige TM-Lehrerin, die sich der Anthroposophie Rudolf Steiners zugewendet hat, setzt sich Therese Schulte äußerst kritisch und fundiert mit der TM und Mahesh Yogi auseinander. Vor allem für Betroffene sehr wichtig, auch dort, wo man den weltanschaulichen Standort der Autorin nicht teilen kann);

Carlsson, Ronald A., Transcendental Meditation — Relaxion or Religion?, Chicago 1978, 155 S., ISBN 0-8024-8800-5 (Christliche Auseinandersetzung mit TM);

Gerberding, Kieth A., How to respond to Transcendental Meditation, St. Louis 1977, 30 S., ISBN 0-570-07676-5 (Christliche Auseinandersetzung mit der TM, Hinweise auf christliche Meditation);

Bjornstad, James, The Transcendental Mirage, Minneapolis/MN 1976, 93 S., ISBN 0-87123-556-0 (Fragt nach dem religiösen Standort der TM. Christliche Auseinandersetzung mit TM);

Lewis, Gordon A., What Everyone Should Know About Transcendental Meditation, Glendale 1975², 92 S., ISBN 0-8307-0353-5 (Entlarvung der angeblich nichtreligiösen TM als hinduistisch);

Shah, Douglas, The Meditators, Lainfield NJ / London 1975, 147 S., ISBN 0-88270-126-6 (TM auf dem Hintergrund anderer Meditationssysteme);

Weldon, John / Levitt, Zola, The Transcendental Explosion, Irvine/CA 1976, 218 S., ISBN 0-89081-051-6 (Gründliche Darstellung und Analyse);

Spiritual Counterfeits Projekt, TM in Court — The complete Text of the Federal Courts Opinion in the Case of Malnak v. Maharishi Mahesh Yogi, Berkeley 1978;

Kranenborg, R., Transcendente Meditatie Verlangen naar zinvol Leven en Religie, Kampen 1977, 132 S., ISBN 90-242-2452-7.

Ständige Informationen und kritische Auseinandersetzung in der englischsprachigen Zeitschrift
new religious movements up-date, Dialogue Center, Aarhus (besonders: Vol II, 1 April 1978; Vol III, 1/2 July 1979; Vol III, 3/4 December 1979; Vol IV, 1/2 May 1980).

Wohin kann man sich wenden?

Bei Fragen oder Schwierigkeiten mit TM, dem Weltplan-Center oder Abspaltungen kann man sich an jedes Pfarramt wenden. Geht es um Folgen einer Meditationsübung, wird der Kontakt zu einem Psychotherapeuten empfohlen. Adressen sollten vom Hausarzt oder von der Ärztekammer geholt werden.

Bei allgemeinen Fragen kann man sich auch an den Autor dieser Schrift wenden — oder an andere landeskirchliche Beauftragte für Sekten- und Weltanschauungsfragen.

Baden — Pfr. K. H. Bender, Mainzer Str. 16, 7500 Karlsruhe 51

Bayern — Pfarrer F.-W. Haack, Postfach 50 03 05,
8000 München 50

Berlin — Pastor Th. Gandow, Goethestr. 30, 1000 Berlin 12

Hannover — Pastor J. Biallas, Archivstr. 3, 3000 Hannover

Hessen und Nassau — Pastor B. Leinberger, Elisabethenstr. 51,
6100 Darmstadt

Nordelbische Evang.-Luth. Kirche — Pastor Detlef Bendrath,
Brahmstr. 20 f, 2400 Lübeck

Oldenburg — Pastor Eberhard Strecker, Kirchweg 1,
Nordseebad Tossens, 2893 Butjadingen 3

Pfalz — Pfarrer A. H. Kuby, Evang. Akademie,
Gr. Himmelsgasse 6, 7620 Speyer

Rheinland — Volksmissionarisches Amt Rheinland, Rochusstr. 44,
4000 Düsseldorf 30

Westfalen — Pfarrer R. Hauth, Röhrchenstr. 10, 5810 Witten/Ruhr

Württemberg — Pfarrer W. Schmidt, Ev. Oberkirchenrat,
Postfach 92, 7000 Stuttgart 1

Der Beauftragte für Sekten- und Weltanschauungsfragen der Erzdiözese München-Freising:
Dipl.-Theol. Hans Löffelmann, Maxburgstr. 5, 8000 München 2

Für die Schweiz:
Pfarrer Dr. Oswald Eggenberger, Evang. Orientierungsstelle,
Auf der Egg 9, CH-8038 Zürich

Kirchliche Dienststellen:
„Arbeitskreis religiöse Gemeinschaften" der VELKD, c/o VELKD-Kirchenamt, OKR Dr. H. Reller, Postfach 51 04 09, 3000 Hannover 51. Der Arbeitskreis hat das — vor allem für die kirchlichen Mitarbeiter wichtige — „Handbuch religiöse Gemeinschaften" bearbeitet (Gütersloh 1980^2).

Evang. Zentralstelle für Weltanschauungsfragen, Hölderlinplatz 2 A,
7000 Stuttgart-W, bietet kostenloses Informationsmaterial.

Haben sich Jugendliche der WPC-Bewegung angeschlossen, können sich die Eltern auch an folgende Gruppen wenden:
Elterninitiative zur Hilfe gegen seelische Abhängigkeit und religiösen Extremismus, Postfach 8 74, 8000 München 1.

Aktion für Geistige und Psychische Freiheit e. V., Postfach 11 31,
5300 Bonn 1

Interessengemeinschaft Jugendschutz e. V. (IJS), Postfach 83,
6140 Bensheim/Bergstraße